Theories of Natural Law

自然法理论

〔英〕约翰·菲尼斯 著

吴彦 编译

2020年·北京

John Finnis

THEORIES OF NATURAL LAW

《自然法名著译丛》总序

一部西方法学史就是一部自然法史。虽然随着 19 世纪历史主义、实证主义、浪漫主义等现代学说的兴起，自然法经历了持续的衰退过程。但在每一次发生社会动荡或历史巨变的时候，总会伴随着“自然法的复兴”运动。自然法所构想的不仅是人自身活动的基本原则，同时也是国家活动的基本原则，它既影响着西方人的日常道德行为和政治活动，也影响着他们对于整个世界秩序的构想。这些东西经历千多年之久的思考、辩驳和传承而积淀成为西方社会潜在的合法性意识。因此，在自然法名下我们将看到一个囊括整个人类实践活动领域的宏大图景。

经历法律虚无主义的中国人已从多个角度试图去理解法律。然而，法的道德根基，亦即一种对于法律的非技术性的、实践性的思考却尚未引起人们充分的关注。本译丛的主要目的是为汉语学界提供最基本的自然法文献，并在此基础上还原一个更为完整的自然法形象，从而促使汉语学界"重新认识自然法"。希望通过理解这些构成西方法学之地基的东西并将其作为反思和辩驳的对象，进而为建构我们自身良好的生存秩序提供前提性的准备。谨为序。

吴彦

2012 年夏

目　录

阿奎那的道德、政治与法律哲学*

与亚里士多德一样，托马斯·阿奎那也认为，研究道德哲学就是在最普遍的层面上思考一个人应当去做什么，不

---

* 本文是菲尼斯为《斯坦福哲学百科全书》(*Stanford Encyclopedia of Philosophy*)写的词条。该词条有两个版本，一是2005年的版本，另一是2011年的修订版本。本译稿最初根据2005年版译出，定稿时依据2011年版作了修改和重新的校对。菲尼斯在他的整个学术生涯有两部对他来讲非常重要的著作，它们构成了他的法律和政治思想的基本框架。一部是出版于1980年的《自然法与自然权利》(*Natural Law and Natural Rights*)，另一部是出版于1998年的《阿奎那：道德、政治与法律理论》(*Aquinas: Moral, political and legal Theory*)。前部著作给他带来了极大的学术声誉，并引起了世界范围的巨大反响。相比于此，《阿奎那》一书似乎没有取得这么大的成就。它通常被看成是一部有关阿奎那的学术研究专著。这个表面现象往往使人忽视《阿奎那》一书对于菲尼斯的重要性。菲尼斯本人不止在一个地方明言《阿奎那》一书的重要性，这既在于他的整个思想以阿奎那为渊源，并自称是阿奎那思想的真正传人，也在于《阿奎那》一书修正了《自然法与自然权利》一书中的诸多观点，它更像是菲尼斯思想的一个更为成熟的表达。本词条作于《阿奎那》一书之后，基本依循着该书的基本论述顺序和基本观点。从中我们可在一个短小的文本范围内窥探到《阿奎那》一书的基本要点。——译者

应该去做什么,也就是把一个人整个一生之生活视为一个充满机遇(或错失机遇)的场所。这样一种一般性的思考不仅关注某个人他自己的机遇,而且也关注每个人都能够去做的和能够获得(或被剥夺)的那类"好的事物"。思考去做何事可以简约地表示为"实践的"(practical),并且它是与选择去做何事以及如何选择去做这件事相关的;同时也与一个人的如下行为相关,这些行为包括:(1)在一个人自己的生活和其他人的生活以及他们所置身的环境中,能够理智地且合理地实现"理智善"(intelligible goods);(2)能够成为一个具有良善品性的人,并且过一种能够合理对待上述机遇的生活。

从某一方面看,政治哲学是道德哲学的一部分或道德哲学的延伸。这一部分的道德哲学所关注的是这样一些行为:这些行为应当由所有那些承当责任和分享权威的人做出,亦即为他们的共同体提供某类涵盖面广泛的被称之为"政治"的事物。从另一方面看,政治哲学是对政治安排形式的系统阐述;这些政治安排形式具有它们所独有的特征并且能够产生效果和效益(或产生损害或坏的结果),因此在经验和经验性观察看来是有效的。尽管从形式上看,此种意义上的政治哲学是描述性的和沉思性的,并且因此是非实践性的,但是此种意义上的政治哲学(它的系统形式或概念结构）仍从属于某些范畴，这些范畴是一个人在应当如此这般地研究道德和政治哲学时认为是必要和适当的——也就是说，一个在他的每个选择行动中（甚至是选择不做任何事，或选择去研究道德或政治哲学）都能够充分利用机遇的人在进行实践性思考时认为是必要和适当的范畴。

在阿奎那看来，道德和政治哲学首先是一系列或数系列的概念和命题，这些概念和命题是行动的原则和律令，它们挑选出对于个人和政治共同体而言是真正理智的和合理的行为类型；其次它是一些论证，也就是说，在那些概念和命题受到质疑时，通过这些论证来证明它们的正当性，或至少对各种反对意见作出反驳。这在根本意义上是一种原则的实践哲学（practical philosophy of principles）；这些原则指引我们趋向人类完满（human fulfillment），而此种更为幸福的状态是由那些表现或增进卓越品性的行动（这些卓越品性在传统意义上被视为德性）构成的并通过它们来实现的。如果人们必须使用一种“后康德式”的术语来加以表达的话，那么这种实践哲学既是“目的论的”，也是“义务论的”。

1. 诸种阐释与方法

我们应该根据阿奎那的神学论著、神学评论以及他对亚里士多德《尼各马可伦理学》和《政治学》(前两卷以及第三卷的前半部分)的评注来重构他的道德和政治哲学。自

1274 年阿奎那逝世之后,对他思想的恰当解释就变得困难。近几十年来,就如何理解阿奎那道德与政治哲学的基本概念和基本逻辑的路径与方式,人们已经产生了非常大的争论,而在那批认为阿奎那的学说为回应价值与责任的激进怀疑论提供了广泛且合理答案的哲学家中则更是如此,他们认为,阿奎那提供的答案比康德或边沁或他们的(宽泛意义上的)继承者所提供的答案要更真实且更符合人性。在下面的 1.1 节与 1.2 节中,我将论述这些争论中的一种带偏见的尝试,它阐明了在两个策略性问题上的普遍解释,并且因此提出对那些解释的反对意见。本文将指出,反对这些普遍解释的意见是有价值的,并且把阿奎那伦理学作为一种系统的和严格的实践理性的哲学学说(亦即它的最一般的和最具反思性的部分)的研究仍处于萌芽状态,本文的剩余部分将在这一观点的基础上进一步推进。进一步的文本支持可查证我的《阿奎那:道德、政治与法律理论》(1998)(本书参用了超过 60 部的阿奎那著作)。很多人对我在这部书中提出的有关阿奎那理论的阐释进行了批判,包括斯蒂芬·隆(Steven Long)的"自然法或自主的实践理性:新自然法理论中的各种问题"一文(2004),以及稍早之前的里斯卡(Lisska)的《阿奎那的自然法理论:一种分析性重构》一书(1998)和麦金纳尼(McInerny)的《托马斯主义伦理学:托马斯·阿奎那的道德哲学》一书(1997)。这些人的作品以各种不同方式指出我的阐释否认或忽视了我试图去确立的实践理性原则的形而上学基础。隐藏在该论争背后的第一个问题是:进行研究的秩序和进行认知的秩序(即认识论秩序)是否等同于形而上学的依存秩序(the order of metaphysical dependence)。第二个问题是我们是否可以通过运用某个认识论公理来解决第一个问题,这个公理就是:我们是通过理解动态自然(dynamic natures)的活动(actuations)(对此,我们是通过理解它们的目的来理解这些活动的)来理解其能力并由此理解(在最终意义上是一种形而上学的理解)这些自然事物的。这个公理是否意味着对于诸如理智善(意志活动的目的)这样一些事物的理解先于一种对于自然的恰当认知,尽管就形而上学的内在依存秩序(the metaphysical order of intrinsic dependence)而言,这些目的之所以被意欲或被实现是基于(在此情形之下就是)人类所拥有的天赋本性。*

---

* 这一整段的后半段是2011年版附加上去的。关于自然法的根基问题("实践理性"抑或"人类本性"),格里塞茨—菲尼斯学派在一开始就面临着巨大的责难。它也是格里塞茨—菲尼斯学派与传统的托马斯主义自然法的核心分歧之一。格里塞茨(Germain Grisez)和菲尼斯以及该学派中的其他一些人在多个场合以多种不同方式对该问题作出过澄清和辩护。但问题恰恰是,在一种典型的康德式立场(实践理性作为自然法的根基)和一种典型的托马斯主义立场(人类本性作为自然法的根基)之间是否还存在第三种立场,这是值得怀疑的。格里塞茨—菲尼斯在这两种立场之间的取舍,尤其是菲尼斯在这个2011年的修订版中

1.1 "人类独有之功能"观念对阿奎那而言是否具有基础地位？

麦金纳尼和欧卡莱根（O'Callaghan）在"圣托马斯·阿奎那"（2005年）一文论"道德学说"部分提出了一种有关阿奎那理论的理解进路。他们赋予了亚里士多德所提出的试图确定一种"独有或特定的人类功能"的论证以优先性。该论证之推进建立在如下假设的基础之上：如果每一类工艺都具有其独有的功能和运行模式，那么作为整体的人类生活也必然具有一种"整全的"和"独特"的功能与运作（*operatio*）。查明这种功能和运作必定会形成整个的（其余部分的）伦理和政治理论。对于这种标准阐释，格里塞茨（Grisez）、菲尼斯（Finnis）与罗恩海默尔（Rhonheimer）基于如下理由提出了反对意见：

（1）有一种假设认为，阿奎那将每一个被亚里士多德视

（接上页注释）
的这个表述，进一步说明了他们在一步步向托马斯主义立场靠拢。"认识论—形而上学"的区分和统一这个说法，进一步说明一种形而上学根基的重要性，亦即理解人类本性对于我们理解和阐发自然法的重要性。由此，我们也该看到，他们与托马斯主义立场之间的差异不应再被看成是两条理解"自然法之基础"的路线（实践理性路线与形而上学路线）上的差异，而更应被看成是如何理解"人类本性"的路径上的差异：托马斯主义者从哲学人类学或诸如此类的学科上来解释人类本性，而格里塞茨—菲尼斯则从人类活动中来解释人类本性，亦即这里所提出的一种认识论路向的理解进路。这对于我们理解该派学说之根本特征至为关键。——译者

为是基本的,并且在阿奎那相应的评论中得到阐发而没有作出异议的命题都视作他自己思想的基础。但是,阿奎那却一直把他自己视作一名极为谨慎的亚里士多德的评注者,他的这一做法使上述假设显得不太牢靠。

(2)在阿奎那对于道德的更为独立的探讨中,“独有之功能”这一论证并不是重要的,同时他也没有把该论证作为一项基本原则予以援引。

(3)阿奎那的评论认为,“独有之功能”这一论证得出了这样一个结论:即人类的福祉(*felicitas*)(即人类的幸福或繁盛)是由符合于理性,并因此基于其禀赋而符合于德性的整个人类生活所构成的。但是在《神学大全》中,这种福祉却被认为只是一种不完满的和不完善的福祉。根据《神学大全》对于福祉[以及同义词完满(*beatitudo*)]的定义(即把福祉定义为“完满的善”和“所有欲望之满足”),他在《〈尼各马可伦理学〉评注》中所阐发的福祉概念(即亚里士多德的福祉概念)的缺陷就显露无遗。

(4)在如下意义上,“独有之功能”这一论证在本质上是不令人满意的,也就是说,像阿奎那这样明智的哲学家不可能没有发现它的缺陷。(a)根据阿奎那的理解,该论证依赖于“自然不做无用之功”这一假设,而这一假设又依赖于“自然是上帝的创世理性的产物”这一前设,而在阿奎那本人看来，该前设尽管可以被证实，但却并不是自明的。(b)如果存在一种适合于人类的功能或运作，那么把这种功能或运作假设为是人类所独有的未免太过武断。因为独有性或独特性与实践适当性并不具有任何内在联系，并且事实上，阿奎那在其他地方否认理性仅只属于人类，因为他认为，世界上还存在其他一些理智存在者(天使，被理解为上帝所创造的不夹杂质料的心灵，占据存在者等级链条中的一个环节，如果没有这个环节，整个存在者等级链条将产生一个巨大的缺口，在整个存在者等级链条的最下面是一些最消极的和最具质料性质的东西，然后是植物性的东西、动物性的东西以及人类这一理性动物，一直上升至完全积极的和理智的、完全独立的和不为其他存在者所创造的神圣存在者)。

(5)“特定/独有之功能”这一论证之所以存在缺陷的原因在于：它的论证方向错误了，也就是说，它会得出一个有关事物本性的形而上学命题，而不会趋向作为一种机遇——那种对我和任何一个像我这样的人而言的机遇，可能甚至是最高的机遇——的易为人所理解的“善的东西”。后面这一点是阿奎那哲学的真正的基本方法论原则，它贯穿于阿奎那的所有著作：为了能够把握像人类这样一种动态实在(a dynamic reality)的本质，人们必须首先去把握他的各种能力(capacities),而为了把握这些能力,人们必须首先去把握这些能力的各种活动,而为了去把握这些活动,人们首先必须去把握这些活动所指向的目的(对象)。但是,人类活动所指向的目的(对象)是一些可以为我们所理解的机遇(intelligible opportunities),例如获得知识、活着和保持健康、与他人的友谊,等等,这些目的所具有的性质——亦即能够引起人们的兴趣,符合于人们的兴趣,给人们带来机遇,或适合于具体的情景——绝不依赖于以下这样一种思想,甚或因为这种思想而被提升至更高的层次,这种思想认为:这些目的完全是人类所独有的特征,而不为其他动物所拥有。

(6)“一种运作是人类所独有的”这一事实并不意味着这种运作就是一种真正有价值的运作,也不意味着它就是强制性的,或者说,相比于其他那些可用以替代它的和与它不相容的活动方式或活动目的,它更有价值。因为一个不包含任何评价性和规范性词项的假设不可能得出一个包含这样一个词项的结论。另一方面,如果“一种特定的运作是人类所具有的一种恰当的功能(或甚至是唯一一种恰当的功能)”这一假设被认为其本身就是一种评价性的和/或规范性的假设,而非事实性的/描述性的假设,那么就需要对这一假设的渊源或证成方式(或自明性?)作出某种阐释。

阿奎那对某些基本的评价性的和规范性的原则的自明性已作出相当谨慎的阐发;但他认为,其中只有一项或两项原则指向人类所独有的运作;并且他明确指出,其中还有两项基本原则所指向的善并非人类所独有。

(7) 将人的整个生活比作技艺和技术活动(它们都具有其自身独有的功能或运作)看起来似乎没有什么说服力,并且是有问题的,事实上会产生各种疑问。因为人的整个生活是开放的,也就是说,它既不拥有可被认知的持存性(参见下文2.2节),同时亦要求对值得追求的目的以及值得追求的手段和技艺作出判断(参见下文4.4.1节)。此外,与亚里士多德一样,阿奎那坚称在如下两种事物之间是不可化约的:一种是技艺(*ars*)或技术(*factio*),另一种是行动(*actio*)(具有道德意义的选择以及道德规范的恰当对象)。

1.2 确证"人类之最终目的"对于阿奎那而言是否是根本性的?

与其他诸多托马斯主义的评论者一样,麦金纳尼和欧卡莱根("圣托马斯·阿奎那",2005),以及瑟拉诺(Celano)("中世纪的实践理性理论",2003)都认为:阿奎那的道德哲学,与他的道德神学一样,都建立在他的至福观念[等同于"完满的福祉"(*perfecta beatitudo*)与亚里士多德的"幸福"

(*eudaimonia*)]的基础之上。这个观念是在《神学大全》第2部分开头的几个问答中确立起来的,同时在《神学大全》的这个部分,他还详尽地论证了这样一个观点:至福(complete *beatitude* or *felicitas*)存在于对于上帝的永恒的形象中(以及在上帝中,对于我们在本性上想去认知的其他真理的永恒形象),也就是说,至福是某种只有在我们死后(从诸多其他方面来看,就是"另外一种生活")才可能拥有的东西。但是我们却可以把阿奎那在这些问答中所作的论证作如下看待:(1)该论证是基于特殊的神学教导的需要;(2)人们可以对该论证提出反对意见;(3)该论证可以与他的道德哲学论述及其原理,以及他对具体道德问题的处理分离开来(至少在方法论上是后于这些原理的)——亦即如下含义上的可分离性:即便在不同于此前的当下话语语境中,阿奎那的论证仍被认为是恰当的。本文将把阿奎那的伦理与道德理论看成是能够与他有关生命之最终目的的神学观分离开来,并且将认真对待他所强调和一再重申的命题:除了上帝所赋予和超自然的过至福生活的机遇(即哲学本身无法认知的天赋)之外,人类所指向的唯一的最终目的和最终完满就是"过一种完全合理的、道德上卓越的生活"。这一论题意味着哲学对于道德的阐发并不需要且不应当包含任何有关何谓至福(perfect happiness)的主张。

尽管从表面上看来，阿奎那遵循着亚里士多德的教导，但事实上，阿奎那却意识到，亚里士多德没能确定到底是沉思还是政治实践（political *praxis*）才是人类完满的本质。因此他在他所留存下来的所有著作中都比亚里士多德更为迫切地试图确定何为伦理和政治的第一原理，并且他在这样做的时候并不假设和预设任何一个单一的“人类存在之最终目的”。

此外，在阿奎那谈及“完满”时，他认为“完满”在确定实践理性原则与自然的（因为是理性的）道德法则时具有根本上的意义，他同样也强调指出，完满不应被视为仅仅只是单个人（一个行动着且深思熟虑着的人）的幸福，而应被视为整个共同体的共同繁盛，也就是说，在最终意义上它是整个人类共同体的繁盛。

> 人类生活的最终目的是至福或完满……因此，法［包括自然（道德）法］的主要任务就是指引人们趋向完满。并且，因为部分之于整体就如同不完善之于完善，所以单个的人是一个完善的共同体的部分，因此法的任务必然是指引人们趋向共同的至福……即共同善（《神学大全》I—II q. 90 a. 2.）。

在此所提及的“完善的共同体”指的是由法律所规范的政治共同体,但是同时它也间接意指一个由所有理性存在者组成的共同体,且由道德规范(道德法则)指引我们趋向该共同体的共同善。

1.2.1 阿奎那道德与政治理论中的哲学与神学

将阿奎那的哲学与他的神学区分开来是与他在其两部成熟的神学著作——《神学大全》和《反异教大全》——的开头所详细勾勒出的区分相一致的。(1)他说到,存在一些能够为自然理性所发现的真理,也就是说,这些真理能够为日常经验(包括自然科学家们的具体观察)、洞见和反思所发现;并且这些真理包括关于善与恶、正确与错误的实践真理。(2)自然理性所发现的真理,其中许多是通过上帝的启示而得到确证甚至是澄清的,这些启示是一些在基督生活和著作中所直接或间接传承下来的命题,这些命题为他的直接追随者所传播,且被整理进这些追随者所接受且认为是具有启示性的犹太圣经中。(3)自然理性、哲学理性无法发现某些由上帝所启示的真理,尽管这些真理一旦被接受,它们的内容和意义就能够通过哲学反思(我们将其称之为神学)而得到阐明。

本文所探讨的那些有关伦理和政治(包括法律)的哲学

立场属于(1)与(2)这两个范畴。例如,在《圣经》“十诫”中所阐述的道德规范和政治规范在阿奎那看来都是一些能够独立于启示而被认识的规范,尽管启示能进一步确证且可能进一步澄清这些规范。但是有关人类真正的最终目的和最终命运的命题却属于(3)这个范畴,并且无法在任何哲学基础上予以确证,尽管在阿奎那看来,哲学能够阐明这些命题是融贯的,并阐明它与哲学所确证的命题不会发生冲突。

2. 实践理性的第一原则

知性(intelligence)与理性(reason)并非两种能力;狭义上的“理性”与“推理”(reasoning)可被视为是一个人的“知性”(亦即一个人所具有的一种理智洞察经验材料的能力)的一种扩展,即扩展至一种命题性的推理活动,以形成一个判断。广义上的“理性”(*ratio*)意指整个能力,只不过通过分析才被划分为各个方面和阶段。同样地,实践理性也并非一种独立的能力。也就是说,一个人所具有的思考**事物存在方式**的能力能够(并且是自然地,即无须费力和正常地)被“扩展”(阿奎那的比喻),进而对**去做什么事情**进行理智的思考并作出合理和正确的判断。后一种类型的思考活动和判断活动是一种实践活动,也就是说,它旨在作出选择和行动[在希腊语中是“*praxis*”(实践),在拉丁语中是“*actio*”(行动)]。“实践理性”(1)有时直接意指上述这种思维活动;(2)而有时则意指这种思维活动在其运作良好时所具有的命题结构或命题内容——并且因此意指以下这些命题,即对哪类行动是值得追求的、哪类行动是不可欲的、哪类行动是正当的、哪类行动是错误的作出判断和选择;(3)有时还意指一个人通过理解这些命题并为这些命题所指引而运用此种思维活动的能力。

2.1 前提性条件:通过自由选择而进行自我规定的能力

实践理性最本质的活动就是考量去做某事。一个人只有在他面临多种吸引他去行动的可能性(各种机会),且必须(也就是说,他不能同时去做两件事)和能够作出选择的时候,才需要作出考量。被人们看成是有效指引他们的考量、选择和行动的标准给他们提供某种指导,这种指导并不是通过预测他们会去做什么事情来指导他们,而是通过指引他们应当去做什么事情来指导他们(在此,“应当”可能是道德性的,但却并不必然是道德性的)。如果自由选择不是真正可能的,那么就不存在任何规范性(normativity),亦即不存在任何(指引选择的)实践规导性(practical directiveness)。

阿奎那的立场并不是说我们的所有行动都是自由选择的结果：事实上，存在一些自发的和未经考量的“人类行动”，并且人的行为大部分都是这类行动，它们并非核心意义上的（自由选择的）“人类行动”。那些被选择的行动并不必然直接源于某种选择：人们所实施的许多行动是在过去所做出的一些选择的基础上进行的，并且在现在并不需要重新或重复地做出这些选择，因为还没有其他吸引他的可用以替代这些行动的选择方案。正是因为一个人能够且经常处于上述状态中，所以在面对两种或更多种吸引人的选择可能性的时候（可能包括“不做任何事情”这一选择），除了选择行为本身（choosing）之外，在人的人格构造（personal constitution）之中和之外都不存在任何其他东西可用以规定他的选择（《有关恶的论争》q. 6）。此种自由选择的观念（*liberum arbitrium or libera electio*）比亚里士多德的自由选择观念具有更强的含义；在亚里士多德那里，自由选择指的只是免于受到各种外在决定因素的影响。同时，阿奎那的自由选择观念与现代的柔性决定论观念（soft determinism）并不一致，这种决定论观念认为“人类责任”［即一个人是自由地作出选择的这一观点所包含的意义（自我理解）］与“每个事件都由自然规律（例如物理规律）所决定”是相兼容的。阿奎那把我们的选择自由看成是一种首要的、在形而上学上以及在概念上不可还原为物理规律的事实。他把他有关道德和实践理性的所有反思都置于“掌控一个人他自己的行动”(《神学大全》I—II,前言)这一主题之下。

阿奎那同时还坚称,如果不存在此种自由和自我规定,那么也就不存在任何责任(过错、价值,等等),同时,诸如伦理学所关注的“应当”(规范性)也将没有任何意义和内涵。

2.1.1 选择、意图和行动描述

对于那些构成考量、选择和决断的知性要素(理性)和理智回应要素(意志),在西方有一个悠久的分析传统,阿奎那将这一传统整合起来,形成了一种具有深远影响的观点(尽管没有得到非常清晰的阐述)(《神学大全》I—II,qq. 6—17.)。此种分析表明,在评价选择和行动时,“意图”(intention)占据着核心位置。从狭义上看,“意图”通常关涉“目的”,而“选择”则关涉“手段”;但是因为每一个手段(除了与纯粹的尝试和行动最接近的手段之外)相对于那些与行动更为接近的手段,则同时也是一个目的;因此,当一个人在两种或更多种已经在他的考量活动中形成的建议里采纳其中一种建议时,那个被选择的行动就是(尽管是在一种更为宽泛的意义上)这个人所意图的行动,也就是这个人确实意想(或带着意向)的行动,诸如此类。一个典型意义上的行动

就是人们所意图的事情;也就是说,对于它的最主要的道德描述——先于任何道德评价或道德论断——就是对于人们据以塑造他如此这般行动的那个考量的描述。阿奎那是以如下方式来表述这一点的:行动经由他的“目的”(objects)而被予以具体规定,亦即从它们的“目的”那里获得其具体特性;在此,“目的”包含那个正在进行考量和活动的人所设想的最邻近的目的(end)的核心含义(focal meaning)。当然,包含在上述行动(act)中的行为(behavior)*也可根据描述惯例、期望和责任等而给予其他一些描述,并且法律、习俗,或其他某种具体旨趣或视角可赋予其中一种或其他某些描述以优先性。但是与伦理标准(道德原则或道德律令)相关的却是人们所意图的行动,或人们应当意图的行动。再次重复下:在上文中,我是在一种宽泛的意义上来使用“所意图”(intended)这个词的;阿奎那有时就是以这种方式来使用这个词的(例如,《神学大全》II—II,q. 64 a. 7.),尽管在他的正式使用中,他是在狭义上来使用这个词,亦即用来指称一种据以选择行动之目的的意图[即那个最接近于这个人的(广义上的)意图的目的]。

---

* 在菲尼斯这里,有一个关于行为(behavior)和行动(act,action)的区分,这在下文中将不断提及。行为指的是一种可予以观察的物理性事件;而行动则是根据目的来加以理解的,也就是说,它是从主观上予以理解的行为。——译者

对于人类行动的此种理解经常为阿奎那的解释者们所误用,这些人一直以来都认为,当阿奎那说到一些行动基于它们"不恰当的质料"(*indebita materia*)而被认为是不合法的时候,阿奎那所指的是一项能够为其物理特征和因果结构所具体确定的行为。因此,例如**直接杀害无辜者**被认为是一项其直接后果是死亡的行为,或者是一项拥有致命后果而不是一项想有一个好的后果的行为。但是这种理解与阿奎那一贯坚持的有关人类行动的基本立场并不一致。对阿奎那而言,一项具有道德意义的行动,它的"质料"指的是在一个人的审慎考量活动中行动的直接目的(《有关恶的论争》q. 7 a. 1;q. 2 a. 4 ad 5;a. 6;a. 7 ad 8.)。换言之,此种"质料"指的不是从可观察的物理性事件这个意义上来加以看待的行为,而是作为其目的的行为,也就是说,是他所设想的,通过其选择而采纳的,以及通过他的努力而去做的那些行为。对于人类行动的最客观的阐述是由最主观的阐述提供的。然而,此种恰当的阐述将排除所有那些被歪曲了的行动描述,即一个人为他人(或甚至是为他自己)所提供的作为他的选择和行动之理据的行动描述,但是这些理据并不就是那些使行动成为吸引人行动的东西,即作为行动的目的或作为行动的手段,并因此在一个人实际的审慎考量活动中被认为是这个人如此这般行动的行动理由。一个自我防卫行动的直接的和可预测的致命后果,可能是一个人据以阻止攻击的唯一可采用的有效手段的一个附带后果(《神学大全》II—II,q.64 a.7.),或者说,这个自我防卫行动的直接的和可预测的致命后果可能就是这个人的目的(也就是这个人选择和行动的"质料"),因为这个人的(进一步的)意图或是为了给予宿敌以致命打击,或是通过一种死亡的威胁而阻止一个潜在的攻击,甚或是为了赢得一个奖项。因此,那些从外观上看是一样的行为,可能是一些各不相同的人类行动(human acts),只有通过认识这个行动着的人的行动理由才能够辨识它们。

2.2 语境:整个人类生活的开放视阈

实践理性的第一原则为各种伦理标准提供基础或渊源,这些伦理标准所关涉的是一些可以被选择且能够进行自我规定的行动。因此,正如亚里士多德所强调指出的,伦理标准区别于那些不同意义上的实践的、理性的和规范性的标准,也就是一些技术或技术性的标准,即那些内在于所有技艺、技术或其他旨在掌控事物的体系之中的标准。阿奎那指出,在伦理学与所有其他形式的"技艺"之间存在一种重要的和不可化约的区分,主要表现在以下三个方面:(1)道德思维,甚至是在它以最无私的方式通过物质性的努力而产生好的效果来帮助他人的时候，它在根本意义上关注的还是如何将秩序赋予一个人他自己的意志、行动和品格这一问题，而不关注如何将秩序赋予那个超越他的意志之外的世界的问题。(2)相应地，具有道德意义的自由选择(善或恶)其所产生的效果首先是一些作用在这个行动着的人的意志和品格之上的非及物性的效果，其次才是作用在世界之上的及物性的效果，即便这个人的意图通常所关注的是那些由外在效果所产生的利益。(3)鉴于每一项技艺和技术都拥有一个有限的目的(该目的可通过娴熟地使用这一技艺来实现)，道德思维却拥有一个无限的和共同(被分享)的视阈或目的，即一个关于"整体人类生活"(*finis communis totius humanae vitae*)(《神学大全》I—II, q. 21 a. 2 ad 2.)的视阈或目的，因为一个人所实施的每一个具有道德意义的选择(选择善或选择恶)都是一个牺牲他一部分生活以实现以下目的的选择，亦即有利于所有或整个人类的且可以为人类所追求的整个开放目的系列中的一个目的。

2.3　"应然"的起源

在阿奎那看来，实践理性既拥有一项绝对意义上的第一原则，也拥有诸多真正的第一原则(《神学大全》I—II, q. 94 a. 2.)。绝对意义上的第一原则是形式的，并且在某种意义上是没有内容的。与规范所有理性思维的矛盾律这一逻辑原则一样,人们可能会说,绝对意义上的第一原则所表达的是理性的力量,并且因此远不是没有意义的,它的形式可被视为是实质性的第一原则以及从这些原则中推导出来的道德原则的框架,而其规范性则可被视为是实质性的第一原则以及道德原则之规范性的一个渊源。阿奎那将这一绝对意义上的第一原则表述为“应当为善和追求善,且应当避免恶”(《神学大全》I—II,q. 94 a. 2.)。

这一表达式经常被简写为(i)“应当为善,且应当避免恶”(good is to be done, and evil avoided),或甚至还可以更为简洁地表述为(ii. a)“行善避恶”(do good and avoid evil),或(ii. b)“避恶求善”(avoid evil and seek the good)。但是格里塞茨丁1963年论证指出,这些简要的表达式在注释学上和在哲学上都是错误的。第一实践原则并非表达式(ii)那样是一项命令或指令,也并非那些表达式[通过省略“应当被追求”(to be pursued)]所表达的那样是一项道德原则(参见下文2.7节)。从语法内容和命题内容上看,第一实践原则中的“应当”(is-to-be)这一动名词既非命令也非预测,而是一种理性的指引——一种“应然”(ought),它将在更为具体的道德标准的“应然”中获得更为完善和核心的含义和规范性。

一种康德式的或新康德式的理论主张“心灵结构”的首要性或最终性，与此不同，阿奎那可能会说，正如在非矛盾律中得到阐发的理性力量根植于实在结构，即根植于存在和不存在之间的真实对立一样，第一实践原则根源于理智善所拥有的真正的可欲性（desirability）和不好的东西所拥有的不可欲性。

2.4 实践理性的第一原则

如果说柏拉图和亚里士多德没能详尽阐述实质性的实践理性第一原则，并且如果说康德忽视了这些原则而转而赞成那些在启蒙运动中（以及自那以后）一直支配着伦理学的准休谟式的动机观念的话，那么阿奎那对于这些原则的阐发则值得我们去关注。

2.4.1 第一原则是对于经验资料以及被理解的可能性的洞见

每一项实质性的实践理性第一原则将指引人们趋向一种独特的理智善，这种善同时也拥有用以确定这种善的原则所拥有的首要性，由此可被称为“基本的”善（阿奎那并没有使用这个术语）。阿奎那认为每一项第一实践原则都是自明的[*per se notum*（通过其自身而被认识）]和非推演出来的(*primum and indemonstrabile*)。然而,阿奎那的意思不是说这些原则是无须资料的"直观";也就是说,那些存在于任何一个人类知识领域中的无须证明的第一原则只能通过洞察(*intellectus*)经验资料(在此就是一些有关因果关系和倾向的信息)才能够被认识。

此外,阿奎那在将这些原则看成是自明的同时,还强调指出这种自明性只是相对而言的:对于某些人而言并非自明的东西,对于那些拥有更为丰富经验和对于事物的其他方面拥有更好理解的人而言则是自明的。并且随着我们更为深入地理解第一原则所指向和趋向的对象(例如知识、人类生命、婚姻,等等),我们就能够更好地理解实践理性的第一原则。

2.4.2 第一原则的"应然"绝非是从任何"实然"中推演出来的

阿奎那一再重申,实践理性的第一原则是非推演出来的,由此,这也驳斥了人们通常所持有的假设和对于他的指责,即指责他的伦理学试图从"实然"中推演或推导出"应然"。阿奎那断言这种推导是无效的,这表明:所有相关的"应然"的渊源都无法从任何"实然"中推演而来。然而,当代仍还有一些托马斯主义者并不认为从实然到应然的推演或推导是错误的，并且认为阿奎那就假定了此种推演或推导。然而，他们的观点却受到了其他一些人［例如罗恩海默尔、波义耳(Joseph Boyle)、菲尼斯］的挑战，尽管这些人与这些托马斯主义者都认为阿奎那的伦理学在根本意义上是合理的，但他们却否认阿奎那试图作出或假定任何这样一种推演或推导，并且要求那些托马斯主义者给出某种证据以证明(1)阿奎那确实这样做了；(2)阿奎那或他们确实能够进行这样一种推演或推导。

罗恩海默尔、波义耳、菲尼斯这些批评者通过指出如下事实进一步强化了他们的论证：他们指出，阿奎那在他的《〈尼各马可伦理学〉评注》的序言中指出，有关事物，即有关那些独立于我们思想的东西的知识(例如有关自然的知识)在根本意义上既不同于逻辑学，也不同于实践知识；在其中，实践知识的两个门类中的一个门类就是道德哲学(*philosophia moralis*)(在此所探讨的正是它的第一原则或最为基本的"应然")。

2.4.3 一个典型的第一原则：知识是值得追求的

对于如何去理解这些第一原则，阿奎那尚未予以详尽的阐述。但是他却认为，所有那些拥有足够经验去理解这些原则中的词项的人都能够理解和接受这些第一原则。就知识这种基本善而言,我们可将我们认识第一实践原则的过程例示如下。作为一个小孩,他意识到他有一种问问题的倾向(inclination),并且会因获得一个满意答案而高兴,因回答不出问题而沮丧。他在某个时刻开始认识到——亦即开始洞见到——这些答案具有长期有效的可能性,即认识到这些答案是知识,也就是获得知识和克服无知。通过一种近乎同时发生的更为深入的洞见,他开始认识到知识并不只是一种可能性(possibility),而且也是一种善(*bonum*),也就是说,知识是一种机会(opportunity),一种利益(benefit),某种可欲的东西,作为一种能够提升(完善)一个人或任何一个人的处境的东西,以及作为应当被追求的东西。

2.5 其他基本善

第一实践原则所识别且指引我们趋向它们的那些基本人类善,阿奎那将其确定为(1)生命;(2)"男女间的婚姻、抚育孩子"(*coniunctio maris et feminae et educatio liberorum*)(不可完全还原为生育);(3)知识;(4)与他人的友谊(*societas* and *amicitia*);(5)实践理智能力本身(*bonum rationis*);(6)认识所有存在物、价值、规范性以及有效行动的超验原因,并与该原因保持合理联系(《神学大全》I—II,q. 94 aa. 2&3.)。阿奎那的清单往往是开放的。它们描绘了人类个体(即这些善得以在其中获得实现的人类个体)之繁盛的总貌和要素。即便是完全的完满——亦即阿奎那将其置于人类的自然能力以及有限生命之外的完满(*beatitudo perfecta*)——也不能被视为是一种更进一步的善,而只能被视为是人类基本善的综合以及它们的一种被提升了的实现形态,即以一种摆脱了不成熟(以及其他生长阶段)和衰败的生命形式的方式而获得实现的形态。

同样地,正如由"本性通过能力而被认识,能力通过行动而被认识,行动通过目的而被认识"这一认识论原则(参见1.1节)所蕴涵的,这些基本善作为意志和自由行动的基本目的,勾勒出了人类本性的基本轮廓。通过恰当阐述人类本性而获得的"实然"依赖于实践理性的第一原则(即那些识别善的原则)对于"应然"的先天把握,尽管这种先天把握只有在人们部分地理解人类本性的情形之下才是可能的,同时这种理解往往伴随着对于某种因果性和可能性的理解。但是在对于实践理性的各种解释中,对于"意志的理智对象拥有认识论上的优先性(the epistemological priority)"这一观点的辩护并不意味着否定人类本性的自在事实所拥有的形而上学上的优先性(the metaphysical priority)(麦金纳尼的观点与此观点不同,参见麦金纳尼,1992)。

2.6 是通过倾向（或从倾向那）认识基本善的吗？

阿奎那自然法理论的诸多现代阐释者赋予符合于基本善的倾向（活着、认识，等等）的自然性（naturalness）以解释上的首要性。

但是其他一些人则认为这种阐释在根本意义上误解了阿奎那的意志观念，以及他关于理性与自然之间的认识论关系的观念。在阿奎那看来，意志就是对理智善所作出的理智回应：一个人的意志驻留在一个人的理性“之中”（*voluntas in ratione*）。他明确指出如下两点：（1）当人类行动是理智和合理的，并且正因为是理智和合理的，所以这些行动才被认为是自然的（与道德相关意义上的“自然”）（《神学大全》I—II，q. 71 a. 2.）；（2）存在着某些倾向，如果这些倾向能够被普遍地发现或可以被用来刻画某些或甚至是大多数的个体的话，那么这些倾向就是自然的，而如果它们缺乏任何从理智上看是好的目的，那么它们就是不自然的。因此，解释上的优先性必须被归于人类基本善本身，以及被归于它们所具有的自明的可欲性（the self-evident desirability），这种可欲性使每一种基本善在“任何一个足够理智且成熟，由此能够理解它们的良善性（即它们使人类变得更完善、更完满的方式）的人”的意志中都能够成为倾向的一个对象。

那类倾向之所以在实践理性中拥有特殊位置，是因为该倾向的对象是可欲的，而该对象之所以是可欲的是因为它能够有助于任何一个人的繁盛。这么说并不是说我们所具有的那些有助于人类繁盛的自然倾向仅仅只是偶然的。

2.7 仅仅只是道德的萌芽状态

19世纪和20世纪早期对于阿奎那的诸多阐释认为：实践理性的第一原则——阿奎那经常将其称为自然法或自然正当的第一原则——是一些道德原则，这些原则以一种戒令的方式区分出那些应去实施的人类行为（例如，施舍穷人）和不应去实施的人类行为（例如，谋杀、通奸）。但是尽管有这么一些段落，在这些段落，阿奎那本人确实是以这种方式说的，但是我们亦可在更为严格的意义上对此进行解读，从而使其能够与那些更具全局眼光的段落保持一致，在这些更具全局眼光的段落中，阿奎那讲到，道德原则或道德规范是从第一原则中“推演”出来的一些结论（参见下文3.3节）。就是那些不道德的人，因文化或气质的蒙蔽而无法进行这些推演，然而即便如此，他们也能够且往往确实能够理解实践理性的“第一”原则并受其指引，尽管在他们的审慎考量活动中，这种理解和指引是不完善的。

康德认为，正是因为（如休谟所指出的那样）人们拥有一些次理性的欲望,所以他们想要实现的那些目的是主观的,因此实践理性的功能就在于限制和规导人们对于这些目的的追求;与康德的上述假设不同,阿奎那认为,实践理性的首要的和最基本的运作不在于限制、限定或否定,而在于促进,并因此是积极的:亦即寻找和建构那些为人们所追求的赋予我们的行动以理性目的的可理解的目的(intelligible ends)。

第一实践原则仅仅只是道德的萌芽状态,该论点不应与现代普遍流行的观点相混淆,这种流行的观点认为,实践理性所默认的立场就是自利(self-interest)或"机智性的"理性(prudential reason);因此就存在这样一个困惑:一个人如何从这种立场过渡到道德。根据阿奎那的古典观点,一个人的理性(区别于这个人所养成的某些思维习性)能够自然地明白首要善或基本善是对任何一个人而言都是好的,并且能够进一步地理解参与到各种友谊形式中去是好的,这些友谊形式要求一个人舍弃所有那些仅仅只是基于情感的自我偏爱。

3. 道德原则

识别、推断和阐发道德原则是实践理智能力(practical reasonableness)的一项任务。一个人在这样做的时候所做的判断被称为一个人的良知(conscience),另外,一个人通过反省他自己的行为而获得的判断也被称为良知,前一种意义上的良知要先于后一种意义上的良知。某个拥有良知的人将拥有实践理智能力和进行合理判断的基本要素,亦即被阿奎那称为明智(*prudentia*)的理智德性和道德德性。完全的明智要求一个人自始至终都能够将他的合理的判断付诸实现,即在面临被诱导去做一些尽管可能是理智的(intelligent),但却是不合理的(unreasonable)选择的时候,也能将其合理的判断运用到其选择和行动的具体细节中去。

3.1　良知

在阿奎那看来,良知并不是一种存在于我们身上的特殊的力量,它就是时刻活动着的实践理智(practical intelligence),它主要是以一种有关各类行动(各类选择)之合理性(正确)和不合理性(错误)的判断的形式存在着。因为每一种这样的判断都采用如下形式:即"'*phi*'这类行动一直(或通常)都是错误的(或通常为人们所实施)",或"'*phi*'这类行动(一直)(或通常)为理性所要求(或禁止)",因此,正如阿奎那所强调指出的,一个人的良知即便在犯了严重错误并允许或引领他去实施恶行的时候也约束着他自己。因为一个人在逻辑上是不可能意识到他当前的良知所作出的判断是错误的,反对他自己所持有的坚定的良知上的判断就等于是反对真理和合理性这些善,并且这不可能不会导致错误(《神学大全》I—II q. 19 a. 5;《有关真理的论争》q. 17 a. 4)。如果一个人错误地形成了他自己的判断,并且如果他根据该判断行事,那么他必将做出错误的事情(《神学大全》I—II q. 19 a. 6.),这一事实并不会影响一个人的良知(对于他自己)所拥有的强制性。此种有关良知的学说在阿奎那那个时代是极为新颖的,然而在我们这个时代,这种学说经常会被误认为是一种相对主义或主观主义。但实际上,阿奎那非常清楚将道德判断视为正确的(或错误的)并因此拒斥主观主义和相对主义所具有的潜在意义,而此种学说正是他为此目的而提出来的。

3.2　最高道德原则

传统上被称为道德规范的《圣经》"十诫"中的律令(《出埃及记》20. 1—17;《申命记》5. 6—21)(最后七项律令,例如应当尊敬父母、谋杀是违法的、通奸是违法的,等等)既具有一般性也具有特殊性;道德原则、道德律令或道德规则就结合了这些律令所具有的特性;但是很遗憾,关于第一实践原则是如何产生道德原则、道德律令或道德规则的问题,阿奎那并没有作出明确的阐释。但是通过重构他的散乱论述，却足可以使我们明白，在阿奎那看来，从一系列第一实践原则(每一项原则都指引我们趋向可以在我们自己和他人身上得到实现的善)那里得出的第一层含义是：人们应当**像爱自己一样爱自己的邻人**。

因为他把该原则视为是与在《神学大全》(I—II, q. 94, a. 2)中所提到的那一系列的第一实践原则一样是自明的(*per se notum*)，所以他必然没有把"**像爱自己一样爱自己的邻人**"这一原则视为是从第一实践原则中推演而来的，甚或认为其是第一实践原则的具体规定，而把该原则视为是在重述第一实践原则。这转而意味着这样一种更进一步的思考：即第一原则和它们指引我们趋向的善(*bona*)对于有血有肉的人来讲是显而易见的，在他们那里，这些原则和善已得到实现且能够得到实现。此外，还可以这样认为，"像爱自己一样爱自己的邻人"这一首要的道德原则是据以质疑(尽管是表面上的)幸福主义在阿奎那伦理学中扮演根本性角色的另一项理由。阿奎那伦理学的亚里士多德式的解释通常把"完满"这一观念作为其核心观念，在此，"完满"被理解为审慎考量着的和活动着的人的完整圆满的实现，然而，"像爱自己一样爱自己的邻人"这一要求与这一观念之间并不存在明确联系。另一方面，格里塞茨及其他一些人都认为，一项与阿奎那的最高道德原则极为接近，但却并不等同于这一最高道德原则的“首要道德原则”（a master moral principle）能够非常好地把握“完满”（*eudaimonia*，*beatitudo*）在伦理思想中所扮演的角色，亦即实现从实践理性第一原则扩充和展开为各项道德原则。这一首要道德原则就是：所有人的意志行动都是为了**整体人类完满**（integral human fulfillment），即为了当前和未来整个人类和人类共同体的完满实现。

阿奎那认为，“像爱自己一样爱自己的邻人”这一最高的道德原则还直接表现在黄金法则中：像希望他人如此对待我那般对待他人。爱的原则与黄金法则之间所存在的此种紧密关系意味着我们的确无法把爱与正义彼此对立起来，尽管在分析的意义上，它们两者是可以被区分开来的。“邻人”并不排除生活在任何一个地方的任何一个人，因为每一个人都有可能从他人的选择和行动中获益。爱某一个人在本质上就等于是意欲那个人的善。在那些被作为一个人的爱、善良意志和关爱对象的人之间，存在着某些合乎理性的优先性，阿奎那把它们作为一种爱的秩序（*ordo amoris*）和一种正当及正义的事务来加以探讨。

3.2.1 完整版的首要道德原则：超验之物的位置

因为阿奎那认为，上帝的存在及其天命——作为所有人和所有利益的超验根源——是确定无疑的，所以他认为，首要道德原则就是：人们应当爱上帝，并且应当像爱自己一样爱自己的邻人。但是因为他认为上帝的存在不是自明的，因此他认为，更为严格意义上的具有自明形式的首要道德原则所指称的仅仅只能是"爱人（自己和邻人）"。他可能会做进一步的补充：一旦人们接受了上帝的存在和上帝的本性——正如在哲学上应当会得出这一结论那样——那么，"爱上帝"这一理性要求，以及完整版的首要道德原则，都将是自明的。他同时还指出，除非一个人做出了背离人类善的选择（即背离了爱自己或爱邻人），不然他就不会冒犯"爱上帝"这一要求（《反异教大全》III c. 122 n. 2.）。

3.3 道德律令是首要道德原则进一步的和直接的具体规定

阿奎那认为，所有的道德原则和道德规范都可以从"像爱自己一样爱自己的邻人"这一道德第一原则中推演出来——或是隐含在第一原则中，或是像从前提中得出结论一样从第一原则那获得（《神学大全》I—II, q. 99 a. 1 ad 2; q. 91 a. 4c; q. 100 a. 2 ad 2; q. 100 aa. 3 and 11c.）。但是阿奎那从未给出任何例子或模型以展示这种类似于演绎的推演方式。由此，正如上文 2.7 节所指出的，他的那些所谓的继承者们有时宣称道德原则和道德规范拥有第一原则所具有的自明性,而有时(同样也是如此地绝望)则提出一些无法与阿奎那的一般理论(比如阿奎那认为各项自然功能不会做无用之功)相兼容的假设,尽管这些假设是根据阿奎那的论证或评论而做出的。

阿奎那的道德原则理论的主旨是:道德规范(道德律令、道德标准)是"应当为善和追求善,且应当避免恶"这一原则的具体规定,这些具体规定指引着人们的选择和行动,由此每一种首要的善(即构成人类完满的诸要素)都将在符合实践理智能力之要求的程度上得到尊重和促进。并且,实践理智能力所要求的看起来似乎就是以其本真形态来对待每一种人类基本善:也就是说,实践理智能力是一种存在于其他基本理由中的基本行动理由,这些理由所具有的**整体**指引性并不会为较低层次的激情所歪曲或取消。"像爱自己一样爱自己的邻人"这一原则与黄金法则在此种整体指引性中能够直接挑选出一个要素。道德规则用以作出道德指引的其他框架是:表明那些更为具体或更为抽象的"选择类型"如何直接或间接地违背了某种基本善。这看起来似乎是阿奎那所使用的没有言明的方法,正如下文 3.4 节所阐明的。

恰当地阐释阿奎那所倡导的道德规范并为其进行辩护

要求对某些理论进行批判(这种批判可以在阿奎那的著作中找到,但却只是表现为一种隐晦的方式),这些理论主张,我们能够且应当根据功利主义者的、后果主义者的和比例主义者的(proportionalist)主要原则来指导人们的选择,他们所提倡的这些原则要求整个净利润(善)的最大化,或如某人所说,使净损失(恶)最小化。在对阿奎那道德理论的各种推进中,诸如格里塞茨和菲尼斯,他们就指出,对于反思性地确认从第一实践原则过渡到具体的道德规范的途径而言,此种批判是一种不可或缺的前提性准备。

3.4　某些例子

在这一节中所探讨的这三个或三组例子仅仅只是阿奎那所考察的那些被合理的良知排除出一个人的审慎考量活动(考虑去选择做什么)之外的一些关于道德规范(*praecepta*)的例子。其他的例子更为复杂,例如偷窃以及其他各类非法攫取财产的行为,以及被阿奎那称之为高利贷并被认为是永远背离公平的利息形式[并不是一个没有道理的判断,尽管无法直接运用于发达的金融市场(参见菲尼斯,1998,第204—210页)]。阿奎那同时还详细探讨了其他大量的、事实上是数以百计的道德问题,论及法官、辩护律师、商人、富人、穷人或每个人的生活。

3.4.1 杀人

某些种类的行动内在地就直接与生命这一人类基本善相冲突，亦即与人类的存在相冲突。故意杀害一个无辜之人的行为(无论是作为目的或是作为手段)，以及由某个个人实施的故意杀害另一个人的行为，都被视为是不法的而被排除在审慎的考量活动之外，因为他与“像爱自己一样爱自己的邻人”这一原则相冲突。阿奎那认为，在进行必要的战争，镇压各种恶行，以及实施惩罚的时候，公共人格者(public persons)可以合法地来杀人(同时参见6.3节)。

作为一个私人，他可以合法地使用强力来保护他自己或他人，即便在他预见到这种强力的使用可能会杀死人，甚至必然会杀死人；但是人们使用这种致命强力的意图不应该是为了杀人，而只能是阻止侵犯或使其失去侵犯能力(而不太致命的强力可能无法满足防护性地阻止侵害的要求)。阿奎那对此的探讨(《神学大全》I—II，q. 64 a. 7.)就是后来人们所熟知，且常为人所引用的双重效果“原则”，其核心思想是：道德原则对如下两类行为的影响是不同的，一类是已经包含意图的行动(例如，去杀人)，另一类是预见到了可能会甚至必定会杀死人这个附带效果(不属于这个行动着的人的意图)而选择去实施的行动。

阿奎那在如下两种立场之间犹豫不决:一种立场主张,使用致命的公共强力(例如,在死刑中)的意图在于正义而不在于杀人;另一种立场主张,在上述情形中,杀人事实上也是其意图之所在。后者是他的主要立场;他用来证成直接与生命之善相对立的选择(无论它会带来什么有益后果)的论据现在看来是越来越不充分。《天主教会之教义问答》(1993年,paras. 2263—2267)根据如下观点而阐发了阿奎那有关战争、致命的警察行为以及死刑的看法,这种观点认为:上述那些行为只有在其所导致的死亡是一种附带效果,而不是基于杀人的意图而杀人的时候,它们才能够被证成。此种观点正是通过诉诸阿奎那在《神学大全》(II—II q. 64, a. 7)中对于私力救济行为的探讨中所提及的具有"双重效果"的行动而得到阐明的。

3.4.2 通奸以及其他违背婚姻之善的行为

阿奎那认为,婚姻是一种首要人类善,从哲学上看,它拥有双重目的:(1)生育和抚育孩子(这是一种符合于他们的善的方式);(2)"fides"(忠诚),它的含义远不是用来翻译这个词的"faithfulness"(诚实)所能表达的,忠诚不仅包含独占性和永恒性,而且也包含积极地与他的配偶在心灵、身体以及互助式的家庭生活上结合在一起。阿奎那从未将其中一个目的隶属于另一个目的，也从未认为将它们彼此分开是恰当的。忠诚是人们结婚（*usus matrimonii*）的一个好的和充分的理由，那种性行为是为了夫妻双方共同经历并以特定的方式实现他们的婚姻之善，由此，这种给予快乐并享受快乐的性行为就是他们相互承诺的象征。

因此，阿奎那通常把错误的性选择看成是一种缺乏忠诚的两性活动，因为他（她）或是（1）以看待妓女那样看待他（她）的配偶，（2）或甚至更糟的是，如果有另一个吸引他（她）的人，他（她）就希望与这个人发生性关系。这样一些去人格化的性行为都是违背婚姻之善的（*contra bonum matrimonii*）。此种一再重申的分析应被视为是了解阿奎那性伦理学（sex ethics）的关键。另一类典型的例子是——相比而言它本身更为恶劣— 个已婚的人选择去与某个第三者发生关系（也有可能已得到他的配偶的同意）。在阿奎那看来，所有其他种类的错误的性行为之所以是不正当的，并不是因为它们是不自然的，即某种生物学意义上的或社会学意义上的“不自然”，而是因为它们背离了这样一项要求：即理性会指引人们尊重婚姻之善，甚至是追求婚姻之善。这种尊重要求人们运用其能力以追求其性满足的所有活动都保留给婚姻和婚姻上的性关系。因为除非人们将这样一种保留视为是必须的，不然他关于人类性行为的立场就是背离婚姻之善的，并且是不理性的，因为人们无法一以贯之地主张这样一种观点：即结婚了的人所实施的性行为能够使他们实现并体验**他们的忠诚以及他们的婚姻**的美好。这样一种思想对于婚姻的善（flourishing/*bonum*），并且因此对于小孩的善以及范围更广的整个共同体的善都具有根本上的意义。不正义的行为是用以衡量道德上不良的性行为之严重程度的其中一项标准，它可适用于这样一些行为，如，强奸或引诱意志不坚定的人。用来衡量道德上不良的性行为之严重程度的另外一项标准是该行为偏离真正的婚姻活动的距离。

在阿奎那所处的那个时代，与我们这个时代一样，也有很多人很难理解那种双方都同意的性行为如何可能会成为一个严肃的道德问题，或根本上就是一个道德问题。阿奎那注意到了这点，但是他非常清楚，每一类背离婚姻之善的行为（这类行为是根据意志的倾向而做出的，并因此证实并强化此种倾向）之所以是错误的，是因为个人和社会之繁盛的诸多方面在根本意义上都依赖于婚姻制度的健康，因为它存在于成人和小孩的现实生活中。值得再次提及的是（因为这一点是如此经常地被人们所误解）：阿奎那关于将好的性行为与坏的性行为区分开来的道德论证从未是从论证行为是“自然的”开始，进而认为它是“好的/合理的/正当的”，而是从论证此种行为是“好的/合理的/正当的”，进而认为它是“自然的”（并且同样地，对于行为的不合理性和非自然性的论证次序也是如此）（参见《神学大全》II—II q. 153 a. 2c，a. 3c，q. 154 a. 1c，a. 2 ad 2，a. 11.）。

3.4.3 撒谎

阿奎那认为，严格意义上的撒谎因为在某种意义上是错误的而一直被人们所拒斥。阿奎那的这个观点经常为人们所误解，认为他是以这样一种论点为前提的：即撒谎是与语言或话语的自然功能相背离的。该论点经过改造而经常被人们用来解释阿奎那有关不正当的性行为的观点。但是，正如人们所看到的，阿奎那的性伦理学拥有另一个更为可信的基础，所以他有关撒谎的伦理学看起来似乎也是如此（尽管不是非常清楚）。尽管在阿奎那的著述中包含有以下观点——“词语是用来表示人们所理解的那个事物的符号”（《神学大全》II—II，q. 110 a. 3），“话语之所以被发明出来是为了表达人们心中的观念”（《伦巴特〈名言录〉评注》III，d. 38 a. 3c），但是这个说法却指向一个更具说服力的先天假设，尽管我们无法恰当地对这个假设进行详细阐述，但是这个假设却是可以被查明的，并由此可表明它与人类基本善的关系。这个先天假设取决于阿奎那有关撒谎的定义，他把撒谎定义为一个人肯定他自己认为是错误的东西。一旦他作出肯定，他就把如下两个命题都确认为正确的：第一个比较显见的命题是，尽管一个人不相信它是正确的，但他却肯定它是正确的；第二个比较隐晦的命题是，一个人相信他所肯定的东西。因此，阿奎那看起来似乎是将撒谎的错误性归诸一种有意的不一致，即他的“真正的自我”与“呈现的自我”之间的不一致。隐藏一个人所相信的东西经常是合理的，并且甚至具有道德上的必要性，这就是阿奎那所谓的“审慎的掩饰”（prudent *dissimulatio*），而不是“欺骗”，他认为在恰当的语境中，这种掩饰是可以被证明为是正当的。但是一个人不应当通过伪造的自我规划（亦即主张他相信是错误的东西）而这样做。在一场正义战争中通过假装逃跑而引诱不正义的敌人进入埋伏圈是正当的，但是欺诈敌人却是错误的，尽管它的严重性因不要把实情透露给敌人这一义务而极大地被削减，该义务与不要撒谎这一义务是相互共存的。让后来那些托马斯主义传统中的学者感到惊讶的是，话语的各种条件——至少在诸多情形之下——是否无法消除这样一个假设：即一种语法上的陈述式的表达**断言了**看起来似乎要去断言的东西。

3.4.4 无例外的否定性规范:尽管不是永远都更为重要,但却更为迫切

与爱自己和爱自己的邻人这个规范相比,就其所产生的影响而言,否定性规范(如上文所讨论过的三组规范)要更为紧迫和直接,但在其他方面的重要性上,这些否定性规范却并不必然就更加重要。也就是说,否定性规范可被适用于或几乎都能够被适用于所有的情景,且在所有的情景中都会或几乎都会得到人们的遵守,而肯定性规范却并非都可以被适用(要求一个人以一种具体的方式行动):它的可适用性基于(即并非都是如此)某些适宜的情景。与否定性的道德规范相背离的行为是“在本质上不正当的”行为(*intrinsece mala*)。

只有否定性规范才可能是无例外性的(但并非所有否定性的道德规范都是无例外性的)。如果肯定性规范是无例外性的,那么就会存在一些无法规避的义务冲突,但是因为道德规范是一系列完全合乎理性的标准,因此就不可能存在这样一种义务冲突——即在同一种情形之下,那些相互冲突的义务都是真实且具有无法规避的约束力:不存在一种绝对模棱两可的情况,即在这种困境中,人们所做出的任何一项不是基于他自己的错误行动,都是不道德的(然

而,却可能存在如下情形:即我先前的那些错误的选择或在型构我的良知的时候所产生的那应受谴责的疏忽将我置于这种情景中,在此情景中我将负担一些可被适用且无法妥协的义务,并且一旦我选择了或做了或忽略了其中一项或几项义务,我就将违背这项或这几项义务;这样,我就置身于一种困境之中,但却是一种有条件的、衍生出来的困境,仅仅只是一种弱意义上的无法规避的困境)。

4. 德性

一种德性就是一个人要成为一个具有良好品性的人所应具备的一个要素或一个方面。拥有德性就是拥有作出道德上是好的选择(因为它与实践合理性这一基本善相一致)的一种恒定的"意愿"(willingness)。

4.1 由那些用以确定合理"手段"的原则所具体规定

德性,与人类意志中的其他所有东西一样,是对于理由的一种回应。但是实践理由(亦即行动理由)是要去表达某种观点的:它们可以被视为是一些原则或其他标准,它们可以更为具体,也可以更为抽象。因此对于伦理学而言,原则——在最终意义上就是实践理性的第一原则,即自然法原则——比德性具有更为重要的意义。阿奎那接受了亚里士多德的如下观念:即每一种德性都是介于过与不及之间的中道;并且阿奎那还强调指出,正是理性——根据其所把握的原则和规则——来确定中道的,并且因此确定什么东西是过了的,什么东西是不及的。事实上,实践理性的各项原则(自然法)确立起了德性的目的(《神学大全》II—II, q. 47 a. 6)。将实践合理性带入人们的审慎考量活动、选择以及作出选择的行动中去的那种重要德性——即明智德性,一种兼具理智特征(一个人的理智)和道德特性(一个人其整体的意志和品性)的德性——是所有其他道德德性的定义、内容和影响力的其中一部分(《神学大全》I—II, q. 65 a. 1, q. 66 a. 3 ad 3, etc.)。

阿奎那是根据德性的分类,而不是根据理性行动所指向的善、行动的种类以及实践理性的标准来安排《神学大全》有关道德的论述的。阿奎那的这种论述结构,作为一种反思性的神学规划——即通过阐述存在者从其起源到其完满实现的整个过程来描述人类的繁盛或堕落——是可以自圆其说的,但是他决定采用这种更高层面上的结构往往会模糊他的伦理学的真正基础。根据前面章节的论述,我们可以看到,阿奎那有关正当的东西与不正当的东西、有德性的东西与邪恶的东西的真正论证，其前提并不是通过分析各种德性获得的，而是从各种原则和更为具体的标准、规范、律令或实践理性的规则那获得的。人们根据是否符合于（或背离）其中一种或几种德性而予以表达的正是由这些论证所得出的结论。

4.2 德性同时也可成为道德判断的来源，而非其结论

一个人所负有的肯定性责任都受制于情景，并且在很大程度上源于黄金法则（己所不欲勿施于人）。所以，一个人往往很难对他应当去做的事情作出合理的判断，也就是说，很难对何为合乎理性的"中道"作出合理的判断，除非这个人是一个能够很好地理解和把握机会与处境的人，并且在他所关心和他想要去做的事情上，他的理性没有为各种次理性的欲望和憎恨或为各种畸变了的意志（如骄傲或狂妄）所败坏或歪曲。这样一种人就拥有德性（理智德性和道德德性），因此在这种意义上，要作出合理的道德判断，人们必须要拥有德性。某个拥有真正德性的人会认为，理性的中道有时会要求一种英雄式的德性（如极大的勇气），这种德性远远超出了合理性、适度等这些传统的衡量标准或预期。

阿奎那坚持柏拉图—亚里士多德主义的如下两个论题:(1)各种德性是联结在一起的,也就是说,一个人想要拥有一种完整的德性,他必须拥有所有德性;(2)实践理智能力——即明智(它既是一种理智德性,也是一种道德德性)——扮演着型塑和统合的角色。有关其理由的相关论述,请参见4.4节。

4.3　德性的优先性不能被还原为自我实现

"一个人对于他自己的幸福的关注是这个人的道德动机和道德判断的渊源",有些人认为这是阿奎那的观点,因此,这些人也将这样一种观点归之于他:成为有德性的人的目的就在于要成为有德性的人。但是一种更为合理的解读可能会认为阿奎那的观点是:获得幸福和德性更像是由获致所有人的幸福——即根据一种合理的优先秩序,像爱自己一样爱自己的邻人——所产生的一些内在有益的附带效应。阿奎那认为,德性(品性的一种状态)之所以为人们所赞誉,是因为它能够实现理性之善,而理性之所以是好的,是因为它能够使人辨识事物真实的一面——从而在实践领域中辨识出真正有利的东西(各种机会),并因此指引人们的选择和行动,进而给整个群体带来真正的利益,从而使得人们产生对于该群体的爱和尊重。

4.4 首要德性

柏拉图—亚里士多德主义认为存在四种最主要的德性,人类的道德生活和所有其他德性都依赖于或维系于这四种德性:明智、正义、勇气和节制。阿奎那也接受了这一论断。每一种德性在如下情形中都具有核心意义:将实践合理性这种善融入到一个人的审慎考量活动、选择以及将选择付诸实施(明智);处理好与他人之间的正当关系(正义);通过真正的理由(节制)整合并规导一个人的欲望;驱逐各种让人胆战心惊的阻碍(勇气)。

4.4.1 明智与爱

实践理智能力不仅包含(1)对于实践理性的各项原则拥有一种理智的和理性的整全性的理解,以及对于这些原则在道德标准的表现形式中所包含的意义(在"像爱自己一样爱自己的邻人"这一原则的支持之下)拥有一种理智的和理性的整全性的理解,而且也包含(2)一种个人的自我统治,人们需要这种自我统治以通过选择和相应的行动而将有良知的判断付诸实施。因此明智拥有诸多不同的层面,或正如阿奎那所言,明智拥有诸多部分,并渗透进所有其他的德性中。"明智"绝非"理性自利"(rational self-interest)意义上的明智，因为一个人通过明智就可以意识到自利是阻碍其自身的或事实上是毁灭其自身的，除非他通过正义的、友善的或爱的行动和性情而超越它（参见上文2.7节）。

亚里士多德认为，实践理智能力（*phronesis*，*prudentia*）所关注的是手段而不是目的。尽管阿奎那同意亚里士多德的这个论断，但他却反对就这一论题作任何准休谟式的解读，并且阿奎那还强调指出，“推动”明智的东西不是人们的激情，而是人们对于第一实践原则以及这些原则所指向的理智善的一种原生性的理解（*synderesis movet prudentiam*：《神学大全》II—II，q. 47 a. 6 ad 3.）。此外，因为他认为事实上所有的手段同时也都是目的，因此，这个亚里士多德式的论题绝没有禁止他去支持这样一种观点：明智就是指引人们识别道德标准并确定每种德性之“中道”的东西。明智“不仅在人们对于手段的选择中，而且也在他们设定目的的过程中指引着各种道德德性”（《神学大全》I—II，q. 66 a. 3 ad 3.）。

4.4.2 正义

正义就是给予他人他们所应当得到的东西（他们的权利）的一种稳定且持续的意愿。阿奎那遵循着此种罗马法的定义（《神学大全》II—II，q. 58 a. 1 c），并遵循着亚里士多德有关正义的区分，而把正义区分为（1）分配正义［一种好的判断,即关于如何根据一种公平的方式(因为是遵从恰当的标准)来分配利益与负担的判断];(2)阿奎那所谓的代偿正义(commutative justice)[亦即一种好的判断,同时它远比亚里士多德的"矫正"正义(corrective justice)更为宽泛,他同时关注人与人之间的所有其他种类的交往]。阿奎那赋予权利(*jus*)概念以优先性——即将其视为某种属于他人的东西,这种做法近似于人权观念,这个观念显然内在于他的如下论断:存在一些正义的律令,这些律令向我和我所从属的共同体施加一种义务,这种义务对于每个人而言都一视同仁(*indifferenter omnibus debitum*:《神学大全》II—II,q. 122a. 6)。因为他关于正义的定义表明:与这些法权义务密切相关的是必须存在属于每一个人的权利。诸多法权义务是积极的(即肯定性的义务,比如给予、做某件事情,等等),并且阿奎那将消除贫困的义务既置于正义之下,也置于爱之下(基于上帝的缘故而爱邻人)。这两种情形下的义务在本质上是一样的,并且阿奎那对于它们的理解在很大程度上影响了他有关私人财产权的理解,私人财产权之所以有效,是因为它们有利于繁荣和发展,但是这些权利却受制于某种分配义务,亦即将他的剩余物品——即所有那些超出一个人维持他自己和他的家庭的生活状态,即适合于他或他们的使命所必须的东西——直接或间接地分配给他人的义务。因为世界上的自然资源“在本质上”是人们共同拥有的;也就是说,理性的原则并不认为任何一个人拥有一种对于自然资源的优先权,因为这种分配自然资源的优先权是基于某种习俗或其他某种由社会确立起来的规划,并且这样一些规划在道德上绝不具有权威性,除非他们承认他们负有一种分配其剩余物品的义务。

4.4.3 勇敢和节制

尽管一个人在他的审慎考量活动以及在其选择行动中,他的激情,即他的情感上的欲求和厌恶,会帮助他的理性,但是这些激情同时也会使理性偏离合理和正确的方向。因此维持一种稳定的倾向以便使激情发挥其恰当的功能就是培养一种有德性的品格和过一种有德性的生活的本质要素。一个人通过节制而将欲望(尤其是性快乐,但不限于性快乐)与理性整合在一起,以免理性受制于激情而成为其俘虏,因为它很容易就会那样。例如,节制就是介于淫欲与冷淡或冷漠之间的中道[阿奎那反对任何“斯多葛式”的冷漠理念(passionlessness),他认为既存在好的情欲(*concupiscentia*),也存在不好的情欲]。

一个人通过勇敢而克服他的厌恶感(特别是恐惧,但不限于恐惧),以免他在危险或其他不幸处境中逃避他所承担的道德责任。勇敢就是介于“鲁莽或大胆”和“胆小或退缩”之间的中道。

4.5 “德性伦理学”

在近几十年里,很多哲学家和神学家都已经指出,一种好的伦理学不是规则伦理学或原则伦理学,而是德性伦理学。前一种伦理学被指责为是律法主义的(legalistic)。从先前的论述中,我们可以看到,阿奎那反对这种所谓的对立,并给予“标准”(诸如原则和规则)和“德性”以同等的重要性。事实上,他认为这两者是相互界定的。并且他也没有支持这样一种观点,这种观点认为:不存在任何无例外的道德规范,同时,道德规范或其他标准仅仅只是一种对于裁判的预测,也就是反映或接近这些裁判,同时,这些裁判都应当是一个有德性的人作出的,并且这些裁判不可能预先排除任何一种行动,基于其目的而将它视为永远都是错误的,不考虑它进一步的意图和具体的情景。相反,阿奎那认为,除非人类行动在如下层面上都符合“爱自己和爱自己的邻人”(并且因此尊重人类福祉的基本方面),不然这种行动就不具有道德上的善(不犯错误意义上的正当),这些层面不仅包括(1)人们据此而选择其行动的动机和意图,(2)适当的情景,而且也包括(3)行动的目的(更为确切地讲,就是进行选择的这个人所选择的对象)(参见 2.1.1 节)。这就是阿奎那通过引用以下这一古老谚语而阐述的公理的主要含义:"没有任何缺陷的因素链条才会促生好的东西,只要该因素链条有任何缺陷,都会促生不好的东西"(*bonum ex integra causa, malum ex quocumque defectu*)。也就是说,在道德善和道德恶之间存在一种基本的不对称——即一种与任何版本的功利主义或"后功利主义的结果主义"或"比例主义"的伦理学都格格不入的观念。

5. 政治共同体

"像爱自己一样去爱自己的邻人"要求人们要与其他人一起生活在政治共同体中。因为我们所有人(或几乎所有人)的福祉和权利都依赖于那些相对广泛地被我们称为"政治"和"国家"的政府和法律制度。

5.1 共同善

用"共同善"(common good)来翻译"*bonum commune*"比用"唯一一种共同善"(the common good)来翻译更为稳妥。因为存在一个团体的共同善,且同时也存在一个大学班级的共同善,一个大学的共同善,一个家庭、一个邻居、一个城市、一个国家、一个教会以及整个人类世界的共同善。通过考察如下例子,我们就能够理解一个团体的共同善与这个团体的所有成员之福祉的累加之间存在的差异:在一种真正的友谊中,A 是为了 B 而欲求 B 的福祉,同时 B 是为了 A 而欲求 A 的福祉,并且因此每个人都有理由认为,他们是为了他人而欲求他[或她]自己的福祉,因此没有人能够把他[或她]自己的福祉视作为是友谊价值的渊源(目的),而每一个人都把真正的共同善作为他的目的,这个共同善既无法还原为单个的善,也无法还原为单个善的累加。因为上面所列举的(并没有穷尽)那类团体的各个成员之间都有可能存在一种友谊,所以每一个这样的共同体都拥有它自身的共同善。

5.1.1 团体

刚才所提及的那些共同体是一些团体,它们中的每一个都是一个由单个的人(或其他团体)所组成的整体,它们的统一性并不是一种累加在一起、重叠在一起或叠加在一起的统一性,而是一种有秩序的统一性,这体现在以下两个层面:(1)各个部分(成员)之间的协和;(2)该团体及其成员基于他们的构建性目标或目的(*finis*)而形成的秩序。对于此两者,(2)更具解释力,正如阿奎那在《〈尼各马可伦理学〉评注》的最开头所论证的。

5.2 相对化了的政治共同体与政治共同善

在阿奎那看来，上面所列举的那些团体中的某些团体具有一种总体规划意义上的重要性。特别是(1)家庭与家族，(2)政治团体以及(3)组建起来旨在传递神圣启示和拯救的教会，所有这些团体都具有此种重要性。得到政治共同体(通过其政府和法律)的保障才得以可能的那些利益就具有如此的重要性，因此，政治共同体的共同善在广度和深度上都极为重要(例如，通过强制来保障这些利益的合法性)。因此在那些情形之下，当“共同善”作为一个最恰当的词被用来翻译“*bonum commune*”的时候，它所指称的通常正是我们所探讨的政治共同体(或一般意义上的政治共同体)的善，阿奎那通常将其称为公共善(public good)。

然而，阿奎那运用“人类在本性上是一种政治动物”这一亚里士多德主义公理，一直都把其用来指称不同于人的独处本性(solitary nature)的社会本性(social nature)——即我们对于人际交往关系的需求，这既包括朋友意义上的人际交往，也包括食物、穿戴、说话诸如此类的必需品意义上的人际交往。因此，该公理所包含的意义不应该这么去理解：亦即阿奎那好像认为与婚姻和家庭这一特有的基本善一起存在的还有一种特有的趋向政治共同体的基本倾向或一种特有的政治共同体的基本善。* 阿奎那认为我们在本性上是一个政治共同体的一部分，但同时也认为我们在本性上更是一种婚姻动物而不是一种（狭义上）政治动物，并且认为政治共同体并不拥有亚里士多德所认为的那种终极意义上的重要性。在阿奎那看来，由于每个人同时（在原则上）也属于教会，由此政治共同体已经被不可避免地相对化了，教会就其自身而言是一种与国家一样完善（*perfecta*）的共同体。

此外，亚里士多德认为城邦比所有其他人类共同体都"更伟大和更神圣"，他的这个主张被阿奎那转化为这样一种观点：城邦所包含的不仅是我作为其中一员的某个城邦（*civitas/polis*），而是由诸多人和诸多城邦（国家、政治共同体）组成的一个整体（《尼各马可伦理学》VIII. 4. 11—12）。因此对于阿奎那而言，作为政治哲学之终极关怀，以及作为理性的人之终极关怀的共同善就等同于所有人类个体和人

---

* 该观点对于菲尼斯的整个政治哲学来讲非常重要。他把政治共同体的共同善看成是一种工具性价值，而不像他列举的那些基本善那样是价值本身。他通过阿奎那对于亚里士多德的"政治"的"社会"转化而进一步弱化了古希腊政治思想中的总体主义倾向。菲尼斯试图通过对阿奎那的"人的社会本性"的重新解读，以便在古代政治哲学（即阿奎那的政治哲学）的框架中纳入自由主义的要素。——译者

类共同体的完满实现(参见上文3.2节)。

但是,此种更为开阔的视野并未使阿奎那提出一种国际共同体理论;该理论要到16世纪他的追随者*那里才被提出来。事实上,他对于这样一系列与“多元国家”以及“国家生成的动态机制”相关的问题并没有什么兴趣,并且对各个民族(*populus*,*gens*)和各个国家(每个人是否都应属于某一个国家?)相互之间的恰当关系也没有什么兴趣。他的政治哲学所探讨的是“国家本身”(the state,*civitas*,*regnum*),好像只存在唯一的永恒的政治共同体。

6. 国家:一个有着“混合”和“有限”政府的“完善共同体”

国家是一个“完善的共同体”,他的成员在核心意义上同时也是另一个完善的共同体——即教会——的成员。因此,国家的完善性永远都是相对和有限的。因此,国家的治理结构(阿奎那并不将其称为“国家”)在核心意义上,亦即在合乎道德的意义上受到以下四种方式的限制。

* 即16世纪西班牙的新经院主义者们,尤其是维多利亚(Francisco de Vitoria)、苏亚雷斯(Francisco Suarez)。其中维多利亚有关美洲印第安人以及战争法的论述被看成是现代国际法的起源之作。——译者

6.1 对于政府和法律的四种限制

（1）政府和法律服从于道德标准的评判，特别是正义原则和正义规范，但是并不只限于此。这并不意味着道德原则像用于私人身上那样用于公共权威；实际上，道德原则是不能像用于私人身上那样用于公共权威的，但即便如此，公共权威还是不能违背那些无例外的道德规范——诸如反对故意杀害无辜者、撒谎、强奸，以及其他超出婚姻范围的性行为。此外，此种限制却无法回答这样一个问题：即哪些道德标准应当或能够通过政府和法律得到合法的强制实施［参见下文（3）］。

（2）政府受制于规范选举或其他有关官员任用、选调以及规范特定部门的司法裁判权的法律。对于那些不受制于任何一个强制性权威的最高统治者们，他们也无法免除他们所承当的服从他自己制定的法律的责任，除非他们这样做是为了共同善和避免产生不公。如果他们否认此种道德约束，那么就表明他们自己是专制者，由此就有可能受到他的人民的共同（公开）抵抗，并被其所废黜。最好的政府形式（或如我们现在所谓的“宪制”）就是一种“混合良好”的政府形式（“君主制”“贵族制”与“民主制”的混合），也就是通过**多数人**组成的选民团体选举出来的某**一个人**与**少许**高级官吏协作而实施的统治。这种统治中的“君主”大概最好是选举的而不是世袭的，对于这些高级官吏的选拔是基于其品德的高尚和天赋的卓越，而这个选民团体是由众多人组成的，这些人既被赋予选举权也被赋予被选举权（《神学大全》I—II, q. 105 a. 1.）。确立和维持这样一种制度安排是那些用以确定所有相关事物之权限的法律所该为之的事情。

（3）政府和法律拥有权威并负有义务去促进和维护共同善，包括德性之善。与此种责任捆绑在一起的是一种使用强制以制止犯罪和敌人入侵的权威。此种强制性的司法裁判权既可通过强制力也可通过一种可靠的惩罚之威胁（惩罚犯罪或其他不正当的侵占或伤害行为）来保护人身和财产。但是，我们却不可强制实施所有的道德，除非是基于正义之要求，亦即当外在于行动者之意志的行动有可能侵犯这些正义之要求的时候。我们无法合法地禁止那些不属于外在行动（即那些关于人与人之间的正当关系的行动）的德性行为（或失德的行为），除非这些行为涉及正义（不正义）。因为，与神法不同，“人法的目的在于保障国家的世俗安宁，法律通过强制来禁止那些能够扰乱国家和平状态的外在行动而达致这一目的”（《神学大全》I—II, q. 98 a. 1c.）；同样的，“人法并不创设与正当（不正当）行动无关的律令”(《神学大全》I—II, q. 100 a. 2c.)。国家法律所能够合法地对其实施强制的领域不是私人善(private good),也不是整个共同体的共同善,而是政治共同体中被称为公共善(public good)的那部分共同善,这部分共同善会受到直接或间接地影响该共同体中的其他成员的外在行动的影响。

(4)当政府和法律处在其权限范围之内时,尽管一个人应当遵守他们的律令而不是由教皇或主教所实施的所谓的管理行为和统治行为,但是政府和法律所拥有的道德权威仍受到教会所拥有的各项权利的限制。

在此,可对后三类限制作进一步考察。

6.2 有限政府的形式:“政治的”和“王制的”

如果一个政府的最高领袖或最高机构“所拥有的权力受到某些国家法律的限制”(《政治学》I. 1. 5),那么这种政府就可以被恰当地称为“政治的”政府。这种政府的统治者是根据法律进行治理的,这些法律涉及其机构的设立、人员的任命以及官员的责任。相反的,如果他们的权力是绝对的,那么其政府就被称为“王制的”政府。但是即便是王制政府,它的恰当形式也是由自由和平等的人所组成,这些人在某种意义上拥有反抗其统治者的权利(*ius repugnandi*)

(阿奎那对此从未予以清晰阐述)。甚至是王制政府的统治者也要遵从法律所拥有的指引力,尽管并不存在一个拥有法律权威的人来强制实施这些法律。

阿奎那认为没有任何必要用“社会契约”来解释或证成政府或某种特定政体的起源。但是他却认为——甚至是在区别于政治统治的王制统治中也一样——被制定的法律构成“一种君主和臣民之间的契约”(《罗马书》13.1 v.6),如果统治者违背了这种契约,就意味着他的臣民免除了他们所应负担的契约义务。

阿奎那认为,最高的立法权在原则上应当掌握在全体人民(*tota multitudo*),即一群自由民(*libera multitudo*)的手中,或是掌握在某个代表人民[*gerit personam multitudinis*(代表其人格)]且对人民负责(*cura*)的公共人格体的手中(《神学大全》I—II,q.97 a.3 ad 3;II—II q.57 a.2.)。阿奎那既没有深入探讨“代表”的含义,也没有深入探讨选择这样一个代表的可行性。他完全没有探讨如何去解决以下问题:就某一群特定的人而言,他们是(1)完全自由的和自治的,还是(2)自由的但却服从于某个领袖的立法权威,还是(3)(可能因被征服,所以是)不自由的。

6.3 国家权威既不是家长式的，也不是神圣的

在《尼各马可伦理学》的末尾处，亚里士多德的意思好像是说，城邦负有责任充当一种强制性的角色来引导各个年龄段的公民养成全面的德性，尽管阿奎那从未公开讨论这些说法，但他却反对这些说法。阿奎那显然反对这样一种观念：这种观念认为国家是家长式权威的一个代表，或拥有上帝那样的权威以指引人们实施具有道德意义的行为。尽管阿奎那经常指出，政治统治者负有责任引导其人民培养德性，但这些说法所指的并不是政治统治者所拥有的强制性的司法权或强制性的权威，而是指统治者应当拥有这样一些愿望。在具体的论证语境中，阿奎那所表达的并不是某种更为宽泛的统治权威或法律权威，而是要求和培养一种公共的善和正义的德性，即一种履行对于他人的义务的愿望[参见6.1节(3)的论述]。只有在这些德性会对正义产生影响的意义上才能够在法律上要求公民拥有这些德性(《神学大全》I—II, q. 96 a. 3.)。此外，他支持这样一种古典立场：即实施正义之事并不要求一个人的动机和品性是正当的。而当需要实施强制措施的时候，阿奎那认为这些措施只能针对外在行动，亦即那些直接或间接冒犯他人或扰乱政治共同体之和平的行动。真正的私人恶并不处在

国家政治和法律的强制性司法管辖权的范围之内。尽管政治权威最终源于神圣权威，但是在指引人们趋向完善的和天堂般的完满（一种由上帝通过超自然的方式所提供的完满）的时候，它所实施的方式却并不如上帝那样是全方位的。此后像英国的詹姆斯一世（James I of England）那样的统治者所主张的那种绝对的政治权威是与阿奎那的学说相对立的。

有关阿奎那的这种“自由主义”的解读（或用19、20世纪的词汇来讲，把他视为是“第一位辉格党人”）一直是人们争辩的对象，因为在阿奎那的著述中有那么一些说法，如果我们不是将其放置在具体语境而是将其独立出来加以看待，就有可能认为他的这些说法是一种父爱式的亚里士多德主义的立场。

6.4　国家与其他“完善共同体”共享其权威

阿奎那的政治哲学与亚里上多德的政治哲学存在极大差异，其中一个理由是阿奎那认为他考虑到了亚里士多德无法获得的一些事实和经验，即在基督——精神共同体，即（天主教的=普世的）教会的创立者——的著作和言说中得到完整表现的公开的神圣启示。因此，当政治生活具有良好秩序的时候，国家的每一个成员（公民）将同时也是另一个"完善的共同体"的成员,并像从属于国家法一样从属于这个共同体的律法。这个共同体的功能在于传播上帝的承诺或提供永恒的生活,并通过他们自己个人的自由选择来帮助人们相互帮助,以便为永恒的生活做好准备。通过建立上述这种共同体(它承继了以色列更为古老的宗教共同体,但同时与其又有所区别),人类的共同体将具有两种基本类型:(1)现世的或世俗的、此世的、公民的或政治的共同体;(2)精神的共同体。相应的,关于人类事务的责任也被分为(1)世俗的社会,特别是国家和家庭,与(2)教会。世俗和精神之间的这种区分溯源于自然知识与启示知识之间的区分。

6.4.1 世俗权威的独立性与非从属性

因此,教会领袖尽管可以宣称某一教会成员的选择是极其不道德的,甚至对于他有关世俗事务的选择,也可以宣称它是极其不道德的,但是,该领袖却不拥有针对世俗事务的司法管辖权。一位家长对其孩子的自由选择不拥有任何管辖权,除非这些选择侵犯了家庭其他成员的道德权利或侵犯了家长对于小孩的教育责任和道德教养责任。政府和法律不拥有任何权利在宗教事务上来指导教会领袖或其成员,除非国家的和平与正义受到了侵犯。"在那些属于政治善(*bonum civile*)的事务中,是世俗权威而不是精神权威应得到遵守”(《伦巴特〈名言集〉评注》II d. 44 ex. Ad 4.)。

那些遵循旧的和不完善的启示的人,以及那些完全不接受完善的启示真理的人都不受制于教会的权威。但是,政府的合法性和权威却并不会因为其成员(公职人员)是一些不信仰基督教的人而受到否定。

除此之外,阿奎那是在他那个时代的基督教世界的宪制预设中进行思考的。他的立场表明,如果教会权威可因其成员(作为统治者)实施了不法行为而将其驱逐出教会,那么在**各个国家的宪制安排中**,其后果将包括废黜统治者(失去世俗的法律权威)。但是,有关上述两种司法管辖权的区分,阿奎那经常是模糊其辞,并总是隐晦地说:教会“拥有一种束缚世俗统治者的权威”(《神学大全》II—II,q. 12 a. 2 ad 1.)。

6.4.2　异教学说、无信仰与宗教自由

阿奎那接受了他那个时代的这样一种教义:没有人能够被合法地强制去接受基督教信仰或成为教会的一员,但是教会的成员却能够且应当受到教会法和国家法的强制,以免其脱离教会或否弃其信仰。阿奎那把这样一种叛教行为视为一种可对其提起诉讼的违约行为(漠视了这样一个事实:即在大多数情形之下,这种承诺并不是其本人做出的,而是在他们的孩童时期由他们的父母做出的)。同时,

阿奎那还把公开的异教学说视同于制造假币，并因此认为世俗权威可合法地将其处以死刑。关于此类问题，阿奎那的观点显然是建立在不断演进的教会传统的基础之上，同时也是建立在历史经验所表明的更为宽容的政治和法律安排所产生的效果的基础之上。因此对阿奎那而言，他会欣然接受后来的神学家以及牧师的这样一种判断（而不会存在任何理论上的障碍）——正如经验所表明的，这一观点与他在道德和政治哲学中的基本立场相吻合，也就是说，本真性的个人判断以及自由选择的承诺在一些基本问题上是如此重要，以至于所有人（即便是那些其所持的宗教信仰是错误的人）都拥有一种道德权利，并且应当拥有一种相对应的法律权利，即在宗教信仰和宗教行动中免于国家（和教会）的强制，除非他们的行动可能与其他人的权利相冲突，或与公共和平或公共道德（即关涉“对公共领域产生影响的行为”的道德）相矛盾［第二次梵蒂冈大公会议，《宗教自由宣言》（1965）］。我们仍不清楚，阿奎那如何可能会反对这样一种异议，即认为尽管那些在孩童时期就受洗的人在之后承认了之前在受洗时代表他们而作出的承诺，但是皈依宗教信仰并不是一项为了其他人或某个共同体的事务，而是一项（正如他在他的主要著作《反异教大全》的一段为人所忽视的段落中所讲的）“仅只属于一个人他自己（作为个体）的事务（*secundum se ipsum*）”（《反异教大全》III c 80 n. 15.）。

7. 法律

阿奎那政治理论最成熟的部分是他对于法律的阐述。该阐述的主要特征可概括为四个有关法律的核心情形和中心意义的命题:(1)法律是一个理智指引的问题,指向它所指引的那些人的理智和理性;(2)法律是为了一个政治共同体的共同善;(3)法律是由对其共同体负有责任的统治者所制定的;(4)法律必须是强制性的。

7.1 法律须诉之于理性

阿奎那在《神学大全》(I—II,第90—97题)中对法律所进行的探讨颇为人们所熟知(他对法律的探讨实际上还包括一些人们很少去研究的东西,参见《神学大全》I—II,第98—105题),尽管法学家和其他一些思想家对阿奎那著作的其余部分不怎么感兴趣,但他们对阿奎那有关法律的讨论一直以来都颇为赞赏。但是,阿奎那的基本关注却是:(1)为神学的初学者提供一种有关宇宙以及芸芸众生的梗概,它们从上帝那儿被创造出来而又重新返回到作为其最终命运的超验存在;(2)为了综合有关法律的经典神学资源和传统术语。这些基本关注型塑着阿奎那对于法律的探讨。"永恒法"被赋予极为重要的地位,上帝甚至据此来统治那些无生命的存在者(正如这些存在者为物理法则所支配一样),同时自然的道德法则之"分有"永恒法也被赋予极为重要的地位。但是在阿奎那脱离教科书的文本约束时,他强调指出,法律最本质的特征是某种无法用自然规律来规范(物理学、生物学,等等)的东西,也就是说,它诉诸那些遵循法律的事物的心灵、选择、道德卓越(德性)以及爱(《反异教大全》III cc. 114—117.);这一点在《神学大全》(I—II, q. 91a. 2 ad 3.)中已有所暗示。

因此(核心情形和中心意义上的)法律永远都是一项通过自我合作而达致协作(co-ordination)的规划。事物的结构是其所是,而道德与实践理性的原则(自然的道德原则和自然权利)则可以被作为一种存在于良知中的指引,这种指引被人们所理解、所接受,且作为生活的原则被践行,而不必被视为是源自心灵且需要诉诸心灵的(实际存在的)东西,即一个为了实现整体人类完善的规划——一个被自由地作出且被人们所自由采纳的规划。上帝可以不受约束地去创造我们这个与所有其他善的可能世界不同的世界,与之相似,人类的立法者也拥有极大的道德自由在各种可能的法律制度安排中进行选择,而仅只通过"采纳"这样一种纯然的事实——即阿奎那所谓的立法者的"慎断"

(*determinatio*)——而使得某些规定(provisions)成为法律上和道德上具有约束力的规定(《神学大全》I—II,q. 95 a. 2;q. 99 a. 3 ad 2;q. 104 a. 1.)。

7.2　法律:旨在促进政治共同体的共同善

阿奎那在《神学大全》(I—II,q. 90 a. 1)中提供了一个有关法律的定义:法律就是"由一个对此共同体负担照管责任的人或组织颁布的,为了实现这个(完善的)共同体之共同善的理性的命令"。正是因为要实现共同善,法律才诉诸臣民的理性,并为其提供理由,从而使他们把法律视为拥有道德上和法律上的权威性和强制性。即便当这些臣民或他们当中的某些人可能会作出或更偏爱一种不同的"慎断",亦即偏爱追求共同利益的不同方式,* 但统治者们促进共同

---

* 这里进一步凸显出了慎断的重要性。菲尼斯认为,人的生活存在诸多方式,有好的生活方式,也有不好的生活方式,但是即便就好的(合理的)生活方式而言,也存在很多种。这些好的(合理的)生活方式之间并没有高低、好坏之别。他们都是人之选择的对象。正是基于此,慎断才凸显它的意义。慎断就是在这些不分高低的诸多好的(合理的)生活方式之间选择(决断)一种生活方式。正是这种选择,塑造着人的基本存在形态。就一个人而言,通过这样一种选择,他将成为某个特定类型的人;就一个共同体而言,比如一个国家,通过这样一种选择,他将成为某个特定类型的国家,比如美国式自由主义(或民主)或法国式的自由主义(或民主)。新自然法学派对传统的托马斯主义政治哲学的一个基本改造就是把更多的自由选择注入到政治中,而其最根本的原因在于他们把传统的"等级式"价值体系替换为一个"等级—平等式"的价值体系(亦即他们的基本善理论)。基本善之间的平等性决定了并不存在唯一最高的生活方式。——译者

善的意图却为其进行统治的权利主张提供了进一步的支持，且同时这种权利主张也进一步支持着这种意图。统治者只有拥有促进共同体的意图才能被认为体现了统治的核心情形。

7.2.1 法治

统治的核心情形就是自由民的统治。当具备如下特征的法律——完全的公共性（法律之颁布：q. 90 a. 4）、清晰性（q. 95 a. 3）、一般性（q. 96 a. 1）、稳定性（q. 97 a. 2）以及可实践性（q. 95 a. 3）——使得政府（法律的制定者和法律的维护者）和臣民成为公共理性（尽管阿奎那没有提出这个词，但他却有此观念）参与者的时候，我们就可以说它体现了核心意义上的法律。因此，阿奎那所列举的这些法律的特征就等同于法治的概念；在阿奎那探讨法官服从法律以及法律即便是在与他们亲眼所见的证据相左的情形下（当这一证据是法律上不被接受的证据的时候）法官也要遵守法律之规定的时候，他显然赋予了法治以一种相对于“人治”的优先性（《神学大全》II—II，q. 67 a. 2；q. 64 a. 6 ad 3.）。

7.3 法律由责任权威设定

“对共同体负担照管责任”的人或团体被授权去制定法律。阿奎那将所有的人类法都视为是“被设定的”（posited）

和(同义的)"实在的"(positive)*,即便是那些其规则是重述一般道德原则或规范的法律,或是其规则是通过权威性的颁布而从一般道德原则或规范那演绎出来的法律,都是如此。阿奎那认为对于法律的解释也是如此,它在最终意义上都要诉诸立法者宣布已颁行之法律的真实意图。

基于习俗来制定法律与上述这一论题并没有什么抵牾;这就等于是由人民来设定法律,这里的人民被视为是一个拥有分散权威,并对他们自己的共同体负担责任的人民。

阿奎那认为,即便是在那个尚没有被任何人类恶败坏的天堂里也需要政府和法律,尽管未必就是"政治的"政府("political" government),当然显然不需要强制性法律。** 因

---

* 在汉语翻译中,"positive law","legal positivism"通常分别译为"实在法"("实证法"),"法律实证主义"。"实在"和"实证"一词最初的汉译来自孔德(August Comte)这位哲学家提出的实在哲学,由此径直被引用到法学中。但我们需加注意的是,法律实证主义与哲学中的实证主义有很大的差异。它们几乎指称两种完全不同的东西。菲尼斯在这里基本确定了法律实证主义中的"实证"一词的基本含义:"实在(实证)"(positive)的含义不是实在(reality),而是"被设定"(posited)。法律实证主义的根本要旨是说:法律是人设定的,是人定的,是人类意志的产物。这种意志论(voluntarism)的观点是法律实证主义的最根本特性。他与自然法立基于其上的理智主义(intellectualism)形成了根本的对立。有关实在法以及法实证主义历史的详尽考察,参见菲尼斯的《法律实证主义中的真理》一文。——译者

** 菲尼斯在这里所做的"政府和法律"与"强制性法律"的区分需要引起我们的注意。对此,我们可以参照他有关权威的论述。前者指代权威本身,后者指代强制性权威。权威就任何理性存在者的共存而言都是必须的。它源自一种基于理性(人)之共存的必需。而"强制性"则源自人的恶性。这进一步凸显出权威和强制的区分。对此,我们可进一步参照下节有关法律与强制间关系的论述。——译者

为社会生活需要相当数量的共同政策和共同行动，一个由持不同观念的成员（这些成员对于优先秩序以及推理方式持有不同观念，并且这些观念可能都是好的观念）组成的团体只能通过一种权威性"慎断"才能够实现共同政策和共同行动(《神学大全》I,q. 96 a. 4.)。一种"慎断"，如果它是正当的并适合于成为一个权威性的慎断的话，它就必须与实践合理性原则存在一种理性的联系。但是这种理性的联系类似于一个建筑师所做出的关于各种尺寸的决定；这些决定必须与其所执行的任务（例如，是建造一个妇产科医院而不是建造一个狮笼）的各个细节保持一种理性的关联，而那些具体细节在排除某些选择的同时也保留了诸多选择，这些选择完全是开放的（门必须高于1英尺，而介于7.1与7.2英尺之间的选择则完全是自由的，并且对于各种尺寸，以及对于材料、颜色等的选择也都是如此）。

7.4 法律应当是强制性的

在一个由圣徒（具有完满德性的人）组成的世界中（天堂），可能还需要法律，但却并不需要强制；因此强制并不是阿奎那用以定义法律的一个要素，并且法律的指引力与它的强制力之间存在明显的差异[参见上文6.1(2)]。但在我们这个现实世界中，强制（强制之威胁）是如此必要，以至于阿奎那会毫无保留地讲，法律应兼具强制力（*vis coactiva*）和指引力（*vis directiva*）；阿奎那甚至会说，强制是法律的一个特性（*de ratione legis*）（《神学大全》I—II，q. 96 a. 5.），尽管他没有将其纳入他公开发表的关于法律之本质的定义中（its *ratio*）（《神学大全》I—II，q. 96 a. 5.）。

说国家或他的政府对于暴力拥有一种垄断并不怎么恰当，因为一个人作为一个公民能够合法地使用暴力来保护他自己以及他人免受不法的（因为是犯罪或精神失常而无法被证成的）攻击和伤害，并且这不需要任何授权。同时，阿奎那也反复强调指出，暴力的私人使用与暴力的公共使用之间是有差异的。只有公共权威才能实施惩罚或合法地参与战争；对于公共权威而言，他可以合法地垄断目前所谓的警察事务——亦即对于犯罪的预防、制裁和威慑。然而，对于私人而言，故意伤害和故意杀人永远都是不合法的，尽管他们在把伤害和杀人作为制止侵害的一种附带效果的时候其行为是合法的（参见上文 3.4.1）。阿奎那认为，拥有公共权威的人在履行其义务，亦即在制止罪犯、海盗和其他公敌或私敌侵犯的时候可以合法地杀人（或伤人）（阿奎那并没有对一些边缘意义上的情景——野蛮文明——进行探讨，在这些情景中，公共与私人的区分并不怎么明显）。

强制之公共使用的典型形态就是通过法律而施以惩

罚、处以极刑或其他惩处方式。阿奎那阐述合法的惩罚的核心观念是:犯罪者之所以应受惩罚是因为在选择进行侵犯的时候他们滥用了他们的意志,并因此获得了一种相对于那些约束其自身意志的人而言的利益;一种存在于他们自身和其他公民之间的正当关系可通过对这些犯罪者合理地施加某种"违背其意愿的"(*contra voluntatem*)惩处而得到恢复(《神学大全》I—II,q. 46 a. 6 ad 2.)。恢复犯罪者与守法者之间的公平性平衡是阿奎那经常讲的惩罚的"医治"(medicinal)功能的核心要旨,因为惩罚之"医治"并不旨在"治疗"犯罪者(通过改造他们)和潜在的犯罪者(通过威慑他们),而在于通过矫正由犯罪者因其破坏正义而造成的不正义的无秩状态来"治疗"整个共同体。对于死刑的论述参见上文 3. 4. 1 节。

阿奎那不仅把保卫这个或另个政治共同体视为发动战争的合法根据,而且也把为了实施正当的惩罚和/或确保补偿视为发动战争的合法根据[人们很难区分以下三种作为使用暴力之合法根据的情形:(1)保卫他们自己(或他人)的共同体的领土和宪法;(2)恢复被不正当地占有的领土或其他所有物;(3)因被不正当地剥夺财物以及受到其他伤害而索要赔偿]。

7.5 恶法与正义革命

如果法律所要求的行为是所有人都不应当去做的，那么该法律就无法得到人们的遵守；一个人的道德义务就不是遵守该法律，而是不遵守该法律(《神学大全》I—II，q. 96 a. 4.)。如果该法律试图授权人们实施诸如强奸、偷窃或杀婴等行动，那么这种授权是没有任何道德性可言的，并且不具有任何效力(《神学大全》I—II，q. 57 a. 2 ad 2.)；法官不应以这些法律指导他们的司法裁判(《神学大全》I—II，q. 60 a. 5 ad 1.)。但是法律的约束力与法律的权威却依赖于某些更深层面上的条件，亦即源于政治共同体的性质与基本原理。如果立法者(1)他们的动机不是基于共同体的共同善，而是基于贪婪或虚荣(使他们成为专制者的私人动机，而不论其立法的内容是什么)，或(2)他们的行动超出了被赋予的权威，或(3)在为了共同善而行动时，对于人们所应承担的责任进行了不公平的分配，那么他们所制定的法律就是不正义的，并且与其将其视为法律，不如将其视为暴力(*magis sunt violentiae quam leges*)(《神学大全》I—II，q. 96 a. 4.)。这些法律缺乏道德上的权威，也就是说，在良知上不具有约束力；人们在道德上既没有义务遵守它们，也没有义务不遵守它们。

该结论还有一个限制条件或例外：那些基于上面所列举的三类缺陷中的一类或几类缺陷而被认为是不正当的法律，就人们不服从这些法律会产生混乱或给一些不法行为树立“榜样”而言，这些法律有时会创造一种基于良知的义务。为了避免由此而给公共善和私人善带来的不法侵害，人们就负有一种道德义务去放弃他们不服从恶法的权利（*iuri suo debet cedere*）。这种道德义务并不是某种守法义务：亦即遵从立法者的意图或遵从该法律在具体法律体系的解释原则之下所包含的意义。相反，这是一种附带性义务（collateral obligation）：即避免某些不守法行为，这些行为有可能会因被人们认为不要遵守从而产生负面的附带作用。

所有那些不是为了共同善而是为了他们自己的利益而进行统治的人都是专制者，也就是阿奎那所继承的那一脉古典思想所称的专制者。专制意味着将他的臣民视为奴隶——被用来促进主人利益的人。专制者所制定的法并不是真正意义上的法（laws *simpliciter*），而是一种变坏了的法（*perversitas legis*），并且人们在原则上有权利像对待土匪的命令一样对待这些法律（《神学大全》I—II，q. 92 a. 1 ad 4&5；II—II，q. 69 a. 4. ）。人们拥有暴力抵抗专制政体强制执行其命令的权利；作为一种私人权利，这种权利可扩张至将专制者作为合法自卫的一种可预见的附带后果而杀死。在此,是专制者而不是其臣民在道德上犯了叛乱罪。如果一个人能够与其他人联合起来组成一个为了且能够为国家之共同善承担责任的公共权威,那么在阿奎那看来,为了整个人民(*multitudinis*)以及祖国(*patriae*)的自由(*liberatio*),这个人就有权利推翻专制者并且如有必要可将其处决。因为那些不是专制者的统治者有权利缉捕并严惩叛乱,并且因为统治者和臣民都可能迷失他们各自的道德地位,所以臣民不应急于作出这样的判断,即把专制政体视作不正当的,从而认为推翻这个政体或进行暴力反抗对于那些因革命斗争的附带后果而受到损害的人而言是公平的;所以在此,默许它或仅仅只是一种消极的不服从,可能是一件正确的事情(《神学大全》II—II,q. 42 a. 2 ad 3,q. 104 a. 6 ad 3;《伦巴特〈名言集〉评注》D. 44 q. 2 a. 2;《论君王之治》1. 6.)。

参考文献

一、托马斯·阿奎那的著作

[Eth] *Sententia Libri Ethicorum* (*Commentary on Aristotle's Nicomachean Ethics*) [1271-2].

[Mal] *Quaestiones Disputatae de Malo* (*Disputed Questions on Evil*) [1269-71].

[Reg] *De Regno* [or *De Regimine Principum*] *ad regem Cyprum* (*On Government* [or *Kingship*] [or *On the Rule of Princes/Political Leaders*] *to the King of Cyprus*) [c. 1265].

[ScG] *Summa contra Gentiles* (*A Treatise against the Unbelievers*) [? 1259-65].

[Sent] *Scriptum super Libros Sententiarum Petri Lombardiensis* (*A Commentary on Peter Lombard's Sentences* [Collection of Opinions of the Church Fathers]) [1253-7]. Note that this remains untranslated save in small excerpts.

[ST] *Summa Theologiae* (*A Treatise on Theology*), Parts I [1265-8], I—II [1271-2], II—II [c. 1271], III [1272-3].

[Ver] *Quaestiones Disputatae de Veritate* (*Disputed Questions about Truth*) [1256-9].

Dyson, R. W. (ed.), 2002, *Thomas Aquinas Political Writings*, Cambridge and New York: Cambridge University Press. A selection of texts in a new translation.

Freddoso, Alfred (trans.), 2009, *Thomas Aquinas: Treatise on Law. The Complete Text*. South Bend: St. Augustine's Press. A new translation.

Regan, Richard, and Baumgarth, William (eds.), 2003, *Thomas Aquinas: On Law, Morality, and Politics*, Indianapolis: Hackett. A selection of texts in a new translation.

二、研究文献

Bradley, Denis, 1997, *Aquinas on the Twofold Human Good: Reason and Human Happiness in Aquinas's Moral Science*, Washington DC: Catholic University of America Press.

Celano, Anthony, 2003, "Medieval Theories of Practical Reason", *Stanford Encyclopedia of Philosophy* (*Winter 2003 Edition*), Edward N. Zalta (ed.), URL = < http://plato.stanford.edu/archives/win2003/entries/practical-reason-med/ >.

Dyson, R. W., 2003, *Normative Theories of Society in Five Medieval Thinkers*, Lewiston, NY: Edwin Mellen Press, 187-225

Finnis, John, 1983, *Fundamentals of Ethics*, Oxford: Oxford University Press; Georgetown: Georgetown University Press.

——, 1996, "The Truth in Legal Positivism", in George, R. (ed.), *The Autonomy of Law: Essays on Legal Positivism*, Oxford: Clarendon Press, 195-214; also in Finnis 2011, Ⅳ, 174-188.

——, 1997, "The Good of Marriage and the Morality of Sexual Relations: Some Philosophical and Historical Observations", *American Journal of Jurisprudence*, 42: 97-134; also in Finnis 2011, Ⅲ, 334-352.

——, 1998, *Aquinas: Moral, Political and Legal Theory*, Oxford and New York: Oxford University Press.

——, 2011, *Collected Essays of John Finnis*, Oxford and New York: Oxford University Press, five volumes.

Grisez, Germain, 1965, "The First Principle of Practical Reason: A Commentary on the*Summa Theologiae*, 1-2, Question 94, Article 2", *Natural Law Forum*, 10: 168-201; reprinted Finnis, J. (ed.), 1991, *The International Library of Essays in Law and Legal Theory: Natural Law*, vol. 1, Aldershot, England: Dartmouth Publishing; New York: New York University Press, 191-224; reprinted Dunn, J., and Harris, I. (eds.), 1997, *Great Political Thinkers 4: Aquinas*, Cheltenham, England: Edward Elgar, 393-426.

——,1987,“Natural Law and Natural Inclinations: Some Comments and Clarifications”,*New Scholasticism* 61:307-20.

——,2001,“Natural Law, God, Religion, and Human Fulfillment,”*American Journal of Jurisprudence*,46:3-36.

Grisez, Germain and Finnis, John, 1981,“The Basic Principles of Natural Law: A Reply to Ralph McInerny”,*American Journal of Jurisprudence* 26: 21-31; reprinted Finnis, J. (ed.), *The International Library of Essays in Law and Legal Theory: Natural Law*, vol. 1, Aldershot, England: Dartmouth Publishing; New York: New York University Press, 1991,341-51; reprinted Curran, C., McCormick, R., 1991, *Readings in Moral Theology No. 7: Natural Law and Theology*, New York: Paulist Press, 157-70.

Kries, Douglas, 1990,“Thomas Aquinas and the Politics of Moses”,*Review of Politics*,52:1-21.

Lee, Patrick, 1981,“Permanence of the Ten Commandments: St Thomas and his Modern Commentators”,*Theological Studies*,42:422.

Lisska, Anthony J., 1998, *Aquinas's Theory of Natural Law: An Analytic Reconstruction*, Oxford: Oxford University Press.

Long, Steven A., 2004,“Natural Law or Autonomous Practical Reason: Problems in the New Natural Law Theory”, in John Goyette, Mark Latvic, Richard S. Myers (eds.), *St. Thomas Aquinas and the Natural Law Tradition: Contemporary Perspectives*, Washington, DC: Catholic University of America Press, 165-91.

MacDonald, Scott, and Stump, Eleonore (eds.), 1998, *Aquinas's Moral Theory: Essays in Honor of Norman Kretzmann*, Ithaca: Cornell University Press (essays by a number of contemporary scholars).

McInerny, Ralph, 1980,“The Principles of Natural Law”,*American Journal of Jurisprudence*,25:1-15.

——,1992, *Aquinas on Human Action: A Theory of Practice*, Washington, DC: Catholic University of America Press.

——,1997, *Ethica Thomistica: The Moral Philosophy of Thomas Aquinas*, Washington, DC: Catholic University of America Press, 1997.

McInerny, Ralph, and O'Callaghan, John, 2005, "Saint Thomas Aquinas", *Stanford Encyclopedia of Philosophy* (*Spring* 2005 *Edition*), Edward N. Zalta (ed.), URL = <http://plato.stanford.edu/archives/spr2005/entries/aquinas/>.

Macintyre, Alasdair, 1990, *First Principles, Final Ends, and Contemporary Philosophical Issues*, Milwaukee: Marquette University Press.

Pope, Stephen (ed.), 2002, *The Ethics of Aquinas*, Washington D. C.: Georgetown University Press (essays by a number of contemporary scholars).

Rhonheimer, Martin, 2000, *Natural Law and Practical Reason: A Thomist View of Moral Autonomy*, New York: Fordham University Press.

——, 2011, *The Perspective of Morality: Philosophical Foundations of Thomistic Virtue Ethics*, Washington, DC: Catholic University of America Press.

Stump, Eleonore, 2003, *Aquinas*, London: Routledge.

法律的自然法理论*

本词条将只探讨作为法律理论的自然法理论。这并不是说,法律理论能够独立于道德与政治理论而得到准确的界定和充分的探讨。同时,也不是要否认存在一些非常重要的自然法理论,它们更关注伦理与政治理论中的根本性问题,而不是法律与法律理论。在"阿奎那的道德、政治与

---

* 本文是菲尼斯为《斯坦福哲学百科全书》撰写的词条,原名"自然法诸理论"("Natural Law Theories", *The Stanford Encyclopedia of Philosophy*),可以说最简洁清楚地表达了他的法律哲学。由于本文主要探讨自然法理论中的法律理论,因此在之后的文章中,菲尼斯往往将本文称为"法律的自然法理论"(Natural Law Theories of Law),在此译文中采用后来的名称。本文与《阿奎那的道德、政治与法律哲学》一文一样,也有两个版本,即2007年和2011年版。本文最初根据2007年版译出,后根据2011年版作了修订。——译者

法律哲学"这一词条（菲尼斯，2005/2011）中，我已就这些更为宽泛和更为基本的理论进行过探讨。在本词条中，"自然法理论"是在狭义上被加以运用的；它们所关注的是法律，因此是一些法律理论或有关法律的理论。这样一种仅只关注法律的视角具有重要的附带效果：亦即在历史上形成的各个自然法理论家之间的重要差异可以被忽略不计。这些差异主要涉及规范性基础（the foundations of normativity），而不是实在法的性质与功能（或"概念"）。*

那些把自己的理论视为或理解为"实证主义"或归属于"法律实证主义"的法律理论家们都把他们的理论与自然法理论对立起来，或至少与其明显区别开来。但在另一方面，自然法理论家却从未曾设想把他们自己的理论与法律实证主义相对立，甚或相区分[与索普（Soper）的观点相对立，参见索普，1992，第2395页]。"实在法"这一术语首先在阿奎

---

* 这可凸显菲尼斯一贯的理论意图：法律实证主义建构了一个错误的自然法形象；历史上的自然法学说尽管在根本性问题上——即规范性基础——存在分歧，但在对于实在法的态度上却保持着基本一致的立场。同时，这种立场与法律实证主义的立场没有什么太大差异。换言之，就历史上的各种自然法理论而言，它们在法律理论的根本问题上——对待实在法的态度上——的立场是一致的；唯一差异的地方在于它们从不同的基础来建构自然法——而这些论题不直接与法律理论相关，而与道德和政治理论相关。这在另一个方面凸显出在菲尼斯眼中法律理论的一个独特位置：它（法律理论）的属性不是由道德理论"直接"规定的，而是由它们两者的"关系"被规定的，而这个关系的根本要点就是权威和合作问题。——译者

那那里得到广泛的哲学探讨和传播，阿奎那的自然法理论分享了许多或事实上所有的“实证主义”命题，或者至少未曾否定它们——当然是除了认为“各种自然法理论都是错误的”这样一个赤裸裸的命题之外。自然法理论认为，可以同时在以下两种意义上考量和述说法律：(1)法律既可以被作为一种有关权力和实践的纯粹的社会事实；(2)法律也可以被作为一系列行动理由，这些理由能够成为好的行动理由，或经常是好的行动理由，并且因此对理性行动的人具有规范性。“恶法非法”(*Lex iniusta non est lex*)这个著名的标语所预设的就是实在法的这种双重特性。严格来讲，这一标语表明为什么——除非该标语建立在某种怀疑论的否定之上，即否定存在任何行动的合理理由(这种否认可以不予理睬，因为对这种否定的辩护是自相矛盾的)——实证主义对于自然法理论的攻击是无意义的、多余的：实证主义者通常认为是实在的而应予以承认的事物都已经为自然法理论所承认，实证主义者通常认为是谬误的而应予以否弃的事物也绝不是自然法理论的一部分。但是因为那些为实证主义者所构设出来的法律理论在很大程度上在那些有可能要阅读该词条的人所身处的社会中占据支配地位，因此不时地参照这些理论似乎是恰当的，他们可以克服那些业已引起某种无谓争论的误解(同时对自然法的理论思考做某些澄清和提升）。

奥雷格（Orrego）以另一种方式阐述了上文所提到的要点（奥雷格，2007）。如果在考虑当代主流法律理论对法律（概念）的阐述时，再附加考虑他们所提出的有关司法权和司法推理的阐述，那么在命题（区别于名称、语词和表达式）这个层面上，我们明显会看到，这些主流的法律理论共享（尽管不总是没有自相矛盾）一些由古典自然法理论家（如阿奎那）所提出的有关法律的主要论题：

(1) 法律确立了行动的理由；

(2) 法律规则能够且可推断其能够创设（可以被废止的）道德义务，这些道德义务在这些法律规则被设定之前是不存在的；

(3) 上述这种类型的法律—道德义务由于被设定的规则的严重不道德性（不正当性）而被取消；

(4) 司法考量、司法推理和司法判决，以及其他典型的法律考量、法律推理和法律判断，既包含白然（道德）法，也包含（纯粹的）实在法。

奥雷格的观点在相邻的法律实证主义词条中似乎得到了承认[格林（Green），2003]。当代各种“实证主义”理论与自然法理论看起来似乎有些相像，但其基于以下两点而区别于自然法理论的主体部分：(1) 他们否认**法律**理论（区别于司法权理论、司法义务理论、公民忠诚理论等诸如此类的理论)必然或主要是探讨上面所列举的那些相关问题;并且因此(2)基于他们的法律理论的不完整性而区别于自然法理论,也就是说,在他们的法律理论中,没有(尽管不是永远没有阐释那些相关的问题,但却是经常没有)系统地、批判性地检视他们所做的或预设的道德基础或其他规范性主张的基础。

简言之,一种法律(法律本性)的自然法理论既在于阐明法律的事实性,也在于回答那些对于理解法律而言仍占据核心地位的问题。正如格林在他2003年写的词条“法律实证主义”(已经意识到“没有哪个法律哲学家可以*只是*一个法律实证主义者”)中所列举的那样,那些更进一步的问题(“法律实证主义者并不试图去回答的这些问题”)包括:哪些事物可以被看成是法律的优点?法律在司法裁判中应当扮演什么角色?法律基于何种主张而向我们施加义务?我们应当拥有什么样的法律?我们是否需要法律?所有这些问题,尽管其提问方式有所差异,但都是本词条要考察的。

1. 实在性之实现:诸社会事实为行动提供理由

1.1 行动的基本理由与政府权威的必要性

1.2 政治权威作为克服无政府状态、非正义和贫困的手段

1.3 法治作为克服因存在统治者而造成的各种危险的手段

1.4 万民法——人类法——不法本身——人权:实在化了的法律规则和权利,基于其作为任何法律体系的道德上的必要成分

1.5 “纯粹实在法”:“慎断”及其对公民和法官的法律—道德权威(提供行动理由的事实)

2. 人格不是法律的创造物,而是法律的真正目的

3. 法律原则修正有缺陷的实在法

3.1 排他性法律实证主义与包容性法律实证主义之评判

3.2 自然法和(纯粹)实在法作为法律推理两个相互支持的层面

3.3 法律统治需要“实在性”的意涵

4. “恶法非法”? 恶法具有约束力吗? 法律的约束力?

5. 法的一般理论可能是价值不涉(value-free)的吗? 道德的价值不涉?

6. 自然法理论的其他原理

6.1 行动和言语中的意图

6.2 责任与惩罚

6.3 每一个法律体系都属于并且是为了某个特定的政治共同体

1. 实在性之实现:诸社会事实为行动提供理由

法律的自然法理论的核心问题是:法律以及在立法、司法裁判和习惯中实定化了的法律如何可能以及为什么能够为他的调整对象提供合理的行动理由以便使其行为与法律相一致?一项规则、一个判决以及一种制度的法律效力(形式的、体系的效力),或作为社会现象(比如政府实践)而具有的事实性(facticity)和有效性(efficacy),如何可能使其在人们的考量活动中具有权威性?

就这些问题的意义和重要性以及就各种自然法理论对这些问题所做之回答的主要特征,我们可预先给出一点提示。一方面,自然法理论认为法律的"渊源特性"——也就是说,法律依赖于诸如立法、习惯以及以司法裁判确立起来的先例这样的社会事实——是"法律促进共同善,保护人权和进行有效治理的能力中"(参见格林,2003)的一项最基本和最主要的要素。另一方面(参见格林,2003),自然法传统的那些最主要的代表们从一开始就将"法律在本性上是否需要道德上的证成"这样的问题视为其所要加以探讨的主题[在《神学大全》(I—II,q. 95 a. 1)探讨法律的章节中,阿奎那讨论人法的第一个论题就是:人法(实在法)是否是有益的——也就是说,根据人法进行统治是否比通过规劝和警告、通过法官仅仅根据"正当行事"这样的指令进行裁判,以及通过智慧的领导者根据他们自己认为合适的方式进行统治要更好?(参见下文1.3节)]。自然法理论的经典文本以及当代占据主导地位的自然法理论的文本都把法律视为是在道德意义上需要被证成的事物,即把法律理解为一种在通常意义上不可或缺的达致善的工具,但同时也是很容易蜕变成助长罪恶的工具,除非法律的制定者通过承认和实现他们来使法律成为善法的道德义务,进而逐步地并谨慎地使法律成为善的法律,而这种改善既需要确定法律规则和法律原则的内容,也需要确定制定法律和实施法律的程序和制度。所有自然法理论都把法律理解为克服至恶的手段:一方面是克服无政府状态(无法状态),另一方面是克服专制。专制的独特形式之一就是:在法律以及合法律性(legality)这些形式的遮掩下,法律的协作在根本意义上成为遮掩任意专断的面具。

1.1 行动的基本理由与政府权威的必要性

如果一个人能够谨慎且敏锐地考虑他所要追求(或要避免)的事物和他所要去做(或要避免)的事情,他马上就会理解并赞同这样的一些实践性主张:生命和健康、知识,以及与他人和睦相处,对他自己以及对其他任何人来讲都是可欲的。生命和健康的完满、知识的完满以及与他人和睦相处的完满这样一些事态所固有的可欲性已在基本的、原生的实践推理原则(有关行动和选择的推理活动)中得到清晰的表述。这些实践推理的第一原则规导一个人去行动、安排和组织,以促进这些理智善,并且这种规导性(directiveness)和规范性(normativity)以"我应当……"或"我应该……"的形式表达出来,尽管是在一种真正规范的事物还仅只处于道德的萌芽状态的意义上。

一种自然法的道德理论将阐明实践理性第一诸原则开始具有道德力量的方式,也就是说,这些原则不是基于其自身,而是基于他们整体的、联合起来的规导性而开始具有道德力量的。这种整体规导性具体体现为这样一些(仍非常一般的)原则:诸如"像爱自己一样去爱自己的邻人"这样的律令;或者是像"己所不欲,勿施于人"这样的黄金法则;或者是这样的"绝对命令"——"尊重你自己和他人的人性"(人类繁盛的基本方面),并把其视为是具有内在价值的事物,因此共同体中的每一个人都被视为是一个目的王国,即每一个人都是目的本身。这样一些高层次的但却并非无内容的道德原则可以通过如下两种方式被进一步具体化:(1)基于有关人类现实的某些广泛且稳定的特征,来确定这些道德原则所包含的东西(参见下文1.2—1.4节);(2)在可被选择的具体方案中,通过理性的但却或多或少是非演绎式的选择——阿奎那把这种选择称为“慎断”[*determinationes*(复数)]——而使这些道德原则具体化(参见下文1.5节)。政治共同体是这样一种制度:它的理性地位,作为集体行动的可欲对象和义务对象,以及作为集体行动的背景,可被看成是基本的实践原则和道德原则内在所要求的东西。在这样一些共同体中,政府权威制度是达致所要求的慎断的通常手段,即首先以立法和其他法律创制形式而运行,也就是说,作为实在法(被设定的法)的一种社会事实渊源。

自然法理论的政治理论部分旨在解释和阐明政府权威的基础及其恰当形式。它解释了“实践的统治权威”(包括民主制中选举人民代表的选民或作出政策决定的投票者)和具有良好判断的专家的理论权威之间的共同性和差异性。它旨在表明:建立与承认实践权威的理由在于,它是防止各种形式的侵害与过失的必要手段,而且,此种权威也会因为违背高级道德原则(就这些原则涉及人与人之间的关系而言)而内含着不正义。法律理论作为政治理论的一个分支包含在政治理论中。作为法律理论的政治理论旨在解释:在各个政治共同体中,统治权威在“法治而非人治”(这一经典口号)的框架下运行具有普遍的可欲性(参见1.3节)。

1.1.1　为什么是“自然”法？自然主义谬误？

主流自然法理论用“自然”一词来命名其理论，其意图何在？最简洁且准确的回答就是：从属于理性，诸如“理性法”或“理性之要求”。阿奎那非常清楚，在该语境下，当且仅当那个被称谓的事物（一项法律或一种德性）与理性、实践理性或实践理性之要求相一致，该事物才被称为“自然的”（参见菲尼斯，1980，第35—36页）。此外，阿奎那在他的所有著作中自始至终都在运用一种方法论公理：对X的本性（nature）的理解是通过理解X的各种能力（capacities），对X的能力的理解则是通过理解这些能力的活动（act[uation]s），而对这些活动的理解则是通过理解它们的目的（objects）。* 被选择之行动的目的是内在的理智善（人类繁盛之诸方面），我们的行动基于实践理性的第一原则而指向它们。因此在这种语境之下，把“自然的”“理性的”以及与其同源的词等同起来并不是一种混淆，而是建立在一种将本体论与认识论区分开来的基础之上的：也就是说，在存在秩序中，在我们“被给予的本性”这一基础之上引申出对我们而言是

---

* 这一点对于格里塞茨—菲尼斯学派建构其整个理论至为关键。菲尼斯把这一公理视为现代自然法理论与古典自然法理论分界线之所在。现代自然法的基本特点就是丧失了古典自然法理论家的这一最基本的“洞见”，由此蕴含着一种致命的缺陷。——译者

善的和理性的事物;然而在认知秩序中,我们对于我们本性的认知则在很大程度上是我们的理解的结果——即针对我们所可能选择的对象,我们对于哪类对象是善的事物的理解决定了我们对于我们本性的认知。

尽管经典的和主流的自然法理论由此不再受任何"自然主义谬误"(菲尼斯,2005,2.4.2)的影响,然而,在这种经典自然法理论中,对于事实的非实践性认知仍以各种方式发挥着作用。关于获取知识的现实可能性的认识,或关于失去或拯救生命的现实可能性的认识是我们据以把这种"可能性"同时理解为一种"机遇"的资料(而不是一个前提)——也就是说,实现这种可能性对自身和对他者而言是好的。其他种类的相关事实包括:关于某些属于人类且为其他动物所不具备的基本能力——这些事实是我们得以洞察"对自身和对他者而言是好的"中的"他者"这一群体的意义和范围的基本资料。或者说,关于可供之资源的有限性以及人类意志的脆弱性(因此需要刺激因素,等等)这样一些事实,都使得"将资源分配给具体的所有者"成为一种对所有者和非所有者而言都一样的正义的规范性要求(参见1.5节)。*

---

* 从中我们可以看到菲尼斯有关私有财产权之正当性的论述与现代早期自然法理论家之间的差异,其更类似于哈特有关最低限度之自然法的论述。——译者

1.2　政治权威作为克服无政府状态、非正义和贫困的手段

自然法理论传统中那些最早的[例如,柏拉图式的或准柏拉图式的《米诺篇》(参见路易斯,2006)]和最基本的文本(例如,柏拉图的《高尔吉亚篇》《理想国》《法律篇》,以及亚里士多德的《政治学》)都提醒他们的读者,无政府状态是一种恶:在这种状态中,没有人或人格体能够有效地主张权利,或被广泛地承认拥有约束暴力之使用或约束偷窃和欺骗的权威,并且在这种状态中,行为的任何传统的与习俗的规范,因为对它们的内容和/或对它们的具体适用存在无休止的争论,因此都被掏空了。在这样一种状态中,最强的、最狡猾的和最残忍的人要猎食相对较弱的人;对于孩子的教育(这要求家庭之外的一些资源)很难实现;并且经济活动仍受阻于占有的不安定性和事业的不可靠性。这明显需要某些人,他们能够清楚地表达和强制实施某些行为标准,这些行为标准能够促进人身安全这一共同善,能够促进对资源的平稳开发,能够促进经济和教育活动中的合作,并且至少能够纠正(通过惩罚、补偿或归还)由于违法活动或疏忽而造成的人与人之间的严重损害。阐明这种需求就在于阐明组建和支持政治权威(特别是政府和法律)的理由,也

就是说,仅当那些制度的立法行为、执法行为以及司法活动在实质意义上是为了相应区域中的居民的共同善,而不是为了其中某一部分人的利益(这部分人往往不公正地漠视或敌视其他部分人的利益和福祉)的时候,组建政府和制定法律才是合理的。

1.3 法治作为克服因存在统治者而造成的各种危险的手段

在《政治学》中(参见《政治学》,Ⅲ. 15. 1286a—Ⅳ 4 1292a.),亚里士多德针对这样一个问题进行了激烈的辩论:政治权威通过"法治"(法律的首要性或法律的最高性)是否比通过"人治"[比如一个最优秀的人或一个民主式机构,甚至是一个法庭(参见《修辞学》Ⅰ 1 1354a32—b16.)]运行得更好。他通过他的论证试图表明:在几乎所有的社会中,以及在几乎所有的情形和问题上,根据法律或依据法律进行统治相较而言更为优越。因为:(1)法律是理性(reason[s]),而非激情(passion[s])的产物;(2)统治者或统治机构的最高统治权往往会导向专制(例如,为了某一部分人的利益而不是为了共同善);(3)平等要求每一个成年人都能够参与到治理活动中;(4)官员和职位的轮替是可欲的,并且如果没有法律的规制,这种轮替几乎不可能运转。

因此在亚里士多德看来,实践权威的核心情形是通过"法律"以及通过"受到法律规制的统治者"进行治理的城邦。

托马斯·阿奎那在阐释人类实在法的时候,将治理的核心情形视为是:一群自由的人为了进行自我治理这个目的而通过委派的统治者或通过其所制定的制度而实施的自我治理;同时将法律的核心情形视为是:拥有自由意志的主体通过法律而达致的协作,这些法律通过它所拥有的公共性(公开颁布的)、清晰性、一般性、稳定性和实践可能性而把那些主体视为公共理性的参与者(《神学大全》Ⅰ—Ⅱ,q. 90a. 4c;q. 95a. 3c;q. 96a. 1;q. 97a. 2.)。阿奎那把法律定义为是由统治者的理性所设想的普遍的(逻辑学家意义上的"普遍的")实践命题,以及通过与被统治者的理性相互交流,从而使被统治者把那些命题(至少是根据推测)视为行动的理由——即对他们中的每一个人而言都确定无疑的理由,好像每一个人通过他们个人的判断和选择都设想和采纳了这些命题。

富勒(富勒,1969)承认阿奎那在谈论法律体系的形式与程序方面上的典范地位,他把阿奎那有关法律体系之形式和程序方面的零散且不连贯的论述集合在一起而形成一个有序的法治八原则,也就是法的首要性(*la primauté du droit*),亦即法治国的法律体系(the legal system of a *Rechtsstaat*)。他表明这些原则融合在一起构成了一系列必要条件(要求),因为它们表达了这样一种义务和愿望:即人们希望他们自己在被统治的时候有权利被视为自由人(作为一种公平和正义之事),也就是说,他们与统治者一样,在根本意义上都是平等的人,而不是统治者们通过操纵、不确定性、恐惧等手段而维持秩序的木偶或傀儡。在制定和维护法律的过程中,此种公平的通常结果也加强了法律的有效性。不幸的是,从表面上看,富勒的文本更加注重有效性而不是公平,并且许多批评者[例如哈特(Hart)、德沃金(Dworkin)],因忽视富勒所影射的统治者与被统治者之间的"相互性"(reciprocity)所包含的道德内涵,而认为该书标题"法律的道德性"本身就是不恰当和错误的。拉兹(Raz,1979)与克拉姆(Kramer,2004a,2004b)基于不同的基础详细阐述了这一论题:尽管法治(以及遵守法律)具有道德上的重要性,并且甚至是一种道德德性(因为对于一个正义的社会中拥有一种完全正义的统治而言,拥有法治具有普遍的必要性,同时,对于防止和降低源于政治权威的存在本身以及法律的存在本身而产生的各种危险而言,拥有法治则更为必要),然而,法治本身却是道德中性的,因为(在那些使用各种形式的法律的国家中)一些极度不正义的统治者为了实现他们自己的非道德目的,通常也需要法治。这就像一把锋利的尖刀，它的锋利既适宜于被用来挽救生命的外科手术，同时也适宜于被用在无情的暗杀（拉兹，1979，第224—226页）。

菲尼斯（菲尼斯，1980/2011，第273—274页）和西蒙兹（Simmonds）（西蒙兹，2004、2005、2006、2007）向此种准经验式的主张提出了挑战，这种主张认为：甚至是那些邪恶的专制者也会发现（或需要），为了他们统治的有效性，遵守法治的要求是恰当的。富勒的法治八原则——即统治者在治理活动中遵守他们自己制定的规则——绝不是对专制者的目的的一种支持，而是一种限制。但是富勒所关注的焦点以及这一争论最富成果的地方并不在于历史的或社会学的现象，而在于"内在的"理由，即实践理由。如果统治者在一些实质性问题上（生命、人身安全、自由、财产，等等）不尊重他的某些臣民的利益与权利，那么这些统治者为什么应当——基于何种理由——在作为法治的一部分的程序问题上尊重他们的臣民的权利或利益（即统治者公平地对待和关注他的臣民所期望的东西；并且统治者在评价臣民的行动的时候，以及在其他治理活动中都遵守他自己颁布的法律）呢？统治者们约束他们自己行动的那种或多或少是不一致的意愿——小心谨慎地遵守程序正义，但在实质意义上却是为了不正义的事情——当然具有心理学意义上的可能性。但富勒最为关注的(正如宽泛意义上的自然法理论传统所关注的)是理性(rationality)以及完全融贯的合理性(fully coherent reasonableness)所包含的具体意涵:即道德上合理的判断和选择。

1.4 万民法——人类法——不法本身——人权:实在化了的法律规则和权利,基于其作为任何法律体系的道德上的必要成分

富勒所提供的只是一种程序性的自然法理论,尽管他没有否认一种实质性自然法理论的可能性与恰当性。并且事实上,没有充分的理由像他一样把"实践—理论反思"的范围限定在政治社会——即法律要求人们进行自我约束和承当责任的政治社会——所必须要具备的事物之上。因为很显然,法律程序和法律制度是服务于实质性目的的:对于暴力、偷窃和诈骗的约束;恢复合法所有者和占有者对被盗财物的所有和占有;对因不法征税而产生的损失的赔偿;保护诸如名誉这样的无形利益,以免受无根据的诽谤;对未成年人的保护;对智残和其他弱智的人的保护,以免受性侵害和其他剥削,等等。

由实现上述所列举的那些目的的法律原则或法律规则构成的那部分实在法被自然法理论家称为"万民法"(*ius*[*or*

jus] *gentium*)。由罗马法学家[诸如盖尤斯(公元165年)]所创造的这一个词——字面意思是"所有人民的法"——指的是:在所有现实的法律体系中都可以找到的一系列即使不具有同一形式也具有相似形式的规则和原则。一般来讲,这些规则和原则之所以普遍存在的原因在于:有关什么事物对于生活在政治社会中的个人、家庭和其他联合形式而言是好的事物的理性考量,都将会把那些规则和原则视为是必要的。从理论上讲,这些规则和原则体现在现代法的以下名词中:"为各文明民族所承认的一般法律原则"(《国际法院规约》第38条)、"人类法"(*ius cogens erga omnes*)[字面意思是"约束所有人的法律(不是经过同意、制定或其他形式的采纳)"]、"高级法"或"基本人权"。在阿奎那的法律理论中,它们则被视为是从高层次的、最一般的道德原则中推导出的一些结论(所蕴涵的结论)。在普通法传统中,根据这些原则所标识出来的不法行为被称为"不法本身"(*mala in se*),以区别于"法定不法"(*mala prohibita*)——即本身不法的事物与因为实在法的禁止而被视为不法的事物。这种区分在司法推理中一直被沿用着,这是有其合理根据的。

某些法律理论家认为上述原则和规则基于一种"概念的"必要性而被视为法律的一部分。哈特(1961)就是这样看的。但是通过仔细的考察,即便是哈特的阐述,仍可看到他并未把这种相应的必要性视为概念的或语言学的必要性,而是把其视为手段(即对于实现某些不依赖于对所选目的而言是必要的手段)的理性必要性的一种情形。基于此种原因,哈特认为它们构成了"最低限度的自然法"。哈特曾经说道:"实在法的最低内容,即最低限度的原则,因为它们——基于某些关于人性和人类困境的基本'事实'——对于确保所有可持存的人类社会所共享的目的具有理性必要性,所有可以被称之为自然法";如果哈特不这么说,那他原本应当会更清楚地表达他自己的意思。事实上,在我们的法律中,这些要素既是"实在的"(由官方制定并作为官方实践的一部分),同时也是"自然的"(至少是最低限度的人类繁盛在理性意义上所要求的)。这些问题将在下面第3部分予以探讨。

1.5 "纯粹实在法":"慎断"及其对公民和法官的法律—道德权威(提供行动理由的事实)

自然法的法律理论对纯粹实在法的阐述有其独有的特征。纯粹实在法是由某个(些)拥有权威的人或制度设定的,尽管纯粹实在法的法律地位"完全"依赖于上述事实,但是纯粹实在法却分享法律的这样一种特性:亦即苛以一种遵守法律的道德义务(尽管是一种推定的和可废止的义务)。对于存在于一个实在法律体系中的规则,阿奎那认为:尽管这些规则无疑应当(且被假定为是)“源自于自然法”,但是它们仍然只需基于它们是实在法律体系的一部分而具有法律效力(*cx sola lcgc humana vigorem habent*,《神学大全》I—II,q. 95 a. 3)。

我们用最新的表述来对阿奎那的解释稍做修改:组成我们法律体系的大部分实在法可以存在合理的差异;我们甚或可做这样一个比喻:尽管建造一个妇产科医院的任务要求某些特征(例如门和天花板要高于两英尺),且每一特征都与这一任务保持某种理性的关联,但是建造一个妇产科医院的每一细节可能多少有些差异,并且大部分设计可能会非常不同。当建筑师在不确定的多种替代方案中享有很大的选择自由时也存在这种理性的关联,这种理性的关联被阿奎那称为一种“原则(诸原则)的慎断”。这种“原则的慎断”是指:一种对一般性事物的具体化,即一种特定化,也就是通过在各种可替代的具体方案中进行自由选择(立法者的自由选择),即通过一种甚至包含(一种良性意义上的)独断要素在内的自由来约束“原则的理性必要性”。

一旦慎断被有效地作出,即满足由相关法律体系的宪法提供的有效性标准,它就会通过引入一种新的或修改了的法律规则和法律命题，从而改变先前存在的法律状态。这一新的或修改了的法律规则给予法官、其他官员以及公民以新的或修改了的行动理由（或不行动的理由）。这一新的或修改了的规则依赖于慎断行为所运用或构成的社会事实渊源。这一事实并不意味着一种规范的理由（一种"应然"）是从一种纯粹事实（一种"实然"）中不合逻辑地推演出来的。相反，这一新的或修改了的规则是规范性的、指导性的和义务性的（这就是它的法律意义之所在），因为这一社会事实能够作为一个实践三段论的小前提，而它的大前提是规范性的：如"在这个城镇中应当有个妇产科医院"，"应当保护人们免遭杀人狂的攻击"，"人们应当承当政府活动的合理的公共开支"，"袭击、偷窃、毁约、疏忽等的受害者应当得到赔偿"，"道路交通应当得到管理以便减少由碰撞引起的伤亡"，等等。原则的道德规范性重新出现于由慎断所创设的更为具体的规则之中，尽管后者不是前者所必然包含的。

也就是说，这种具体化了的规则之所以具有（道德意义上的以及法律意义上的）规范性，是因为这种规范性包含在以下这项（道德）原则中：即共同善（它的基本内容是由实践理性的基本原则所确定的，参见 1.1 节）要求权威性的制度根据相关事实来适用和强制实施某些规则，并使其具体化。社会事实之所以使某一实在法律规则成为行动的理由是因为：作为维护共同善的手段的权威是可欲的，同时，法治（而非人治）也是可欲的，它们是把这些社会事实视为有效立法（亦即为遵守规则提供推定性的充分理由的立法）之具体内容的固定且强有力的理由。具有法律效力的纯粹实在法之所以具有（推定的和可废止的）效力和具有道德约束力——具有法律义务的道德形式或道德意义——是因为它在实践推理活动中拥有某种位置，而这种实践推理的最直接的出发点就是正义与和平的道德要求，而其更为根本性的出发点则是根据实践理性第一原则挑选出来的能够促进和保护人类福祉的基本方式。

因此，对于已确定下来的实在法，自然法理论分享当代法律实证主义者们［例如拉兹，1980，第213页；加德纳（Gardner），2001，第227页］的最基本观点：法律的存在及其有效性依赖于社会事实。

1.5.1　"推定的"义务和"可废止的"义务

一项法律规则所具有的"法律—道德义务"或"义务性"与此项法律规则的制定者（颁布者），或其他渊源所具有的"法律—道德权威"或"权威性"是相对应的。实践权威之使用往往会赋予所谓的潜在的行动主体以各类行动理由，拉兹、哈特等当代法律理论家通过对此的反思而澄清了权威的观念。相应的实践理由分别被称为:“排他性理由”“优先性理由”和“内容独立的理由”。其核心观念是:在行动主体的选择和审慎考量活动中,主体把“给定的理由”(即一种立法规定或一种司法秩序)视为这样一种理由:即这种理由不仅仅只是附加到他们如此这般行动而不是那般行动的理由之上的理由,而是排除某些其他理由的理由。因此,这种排他性的或优先性的力量并不属于“给定的理由”的内容本身所具有的吸引力,而属于法律规则的制定者或法律规则的其他渊源所拥有的地位,即作为权威而应被服从的权利——例如,它在宪法的治理结构中所扮演的处理政治共同体之协调问题的角色(拉兹,1986,第35—69页)。权威性理由的这种内容上的独立性意味着它们包含着的排他性义务。取消这一假设取决于如下因素:即这一理由所具有的优先性或排他性力量依赖于一个预设了基本人类需求和善(设定的理由),以及基本道德原则和规范的背景。这一背景意味着:如果一个所谓的权威性的“给定的理由”与上述需求、善、原则或规范明显相冲突,那么它所具有的排他性力量将被耗尽,或被克服,而所谓的义务性则会被废弃。

具体来讲,我们可以说,作为解决协作问题以及促进共同善的法律,它的“有效性”和“要求所有人都遵守它的主张”依赖于法律主体以及法律体系的执行者对待它们的方式，即作为被有效制定的法律拥有战胜或压倒所有其他理由的法律上的和道德上的权利，除非存在一种具有强大对抗性的道德义务。正因如此，法律所具有的此项权利因为一项法律或一个法律体系的严重不正义性而被否弃（参见下文第3和第4部分）。

2. 人格不是法律的创造物，而是法律的真正目的

在谈论人类繁盛或人类福祉，以及在谈论实践理性诸原则时，不应将注意力偏离一个非常重要的真理，它既隐含在古希腊和古罗马对正义的哲学和法学探讨中，也隐含在现代人对人权的法律探讨中。罗马法学家曾说到"从一开始，所有人在本性上都是生而自由且平等的"（《法学阶梯》1.2.2.）（即述说正当，作为法律之基础和标准的正义），这句话的核心主张就是："所有人类在尊严和权利上生而自由且平等"；事实上，《世界人权宣言》（1948）通过将该主张置于他阐述人权的开头，从而将上述两个话语传统连接在一起。在相同的罗马法文献中，即查士丁尼在公元533—535年作为永恒法而颁布的法典中再次重申了这样的观点：法律的真正目的（即它的最终动因，亦即它的解释性理由）在于人的人格，并且法律也是为此而制定的，也就是说，在万

民法(人类普世法)因战争和奴隶而被歪曲之前,法律的真正目的是所有的人。法律适合于在趋向道德合理的判断的实践推理中占据一个规导性的位置,它是为了所有的人类:该法律规导这一共同体中的所有成员,并且所有其他人也都处于这一法律的规范范围之内。

探讨上述论题的那部分法律理论尽管得到当代法律实证主义者们的承认,但他们却尚未对其进行深入探讨。该论题在那些有野心试图含括整个法律哲学的早期法律实证主义者(例如凯尔森)那里也一直被忽视并且事实上被否弃。凯尔森否定法律或一种合理的法律理论或法律科学可以识别个人人格,除非将他们视作为一个实在法律规则的法律主体。但是针对上述限定(这一限定已经误导了那些用凯尔森式的法律科学来指导其司法推理的法院),可以说应当将人类的基本平等和尊严作为一种理性上合理的法律理解(法律概念)的一部分予以辩护(菲尼斯,2000)。该辩护需要阐述这样两种能力之间的差异:一是此时此刻既已被激发出来的能力,或者是或多或少将以如此方式被激发出来的能力;另一种是本原性的能力,例如存在于一个甚至是幼儿那里的原初能力,以及存在于甚至是严重残疾的人的基因遗传和构造中的能力。尽管阐述这两种能力的差异使一种对于人类基本平等的辩护成为可能,并因此使一种人本主义法律理论(a humanist legal theory)成为可能,但是该阐述的要点不是赋予人类这种生物学族类以某种特权,而是要确认人格(即一些本于理性自然的实体)的法律意义,即内在地作为某种权利的承载者(主体),这种权利区别于经常被作为技术手段而赋予动物、神像、船只或其他法律活动之对象的权利,并比这些权利更值得尊重,同时也更像是目的。

3. 法律原则修正有缺陷的实在法

3.1 排他性法律实证主义与包容性法律实证主义之评判

所有法律的存在、效力和强制性都建立在社会事实渊源的基础之上这样一个法律实证主义命题[例如在拉兹的"排他性法律实证主义"那里(拉兹,1980,第212—214页;拉兹,1985)]总伴随着另一个命题:法官,作为"适用法律的最主要机构",有义务(道德义务,甚至法律义务)适用某些道德原则或规则来判决某类案件(例如,适用现行法律规则可能会带来不正义的案件),这些道德原则或规则可以修改,甚至可以废止某部分现行法。"包容性"法律实证主义者试图调和上述冲突，他们认为排除现行法而适用道德原则或道德规则的那种司法义务或司法权限只能被限定在如下情形之中：即当一种渊源于社会事实的现存法律规则命令法院如此去做的时候。也就是说，这样一种命令的效果就是把上面所说的道德原则或道德规则（如果说存在某项道德原则或道德规则的话）囊括进法律体系中。

自然法理论赞同拉兹和加德纳反驳包容性法律实证主义者的观点，认为此种限定是没有根据的。但是自然法理论不同于拉兹他们的是（与德沃金所做的一样，参见德沃金，1978，第47页）：一个法院，作为一个严格意义上的法院，有义务适用或被授权适用的任何一个道德规则或道德原则都应被合理地视为或被承认为法律，也就是说，承认这些规则或原则已经是我们法律的一部分。自然法理论与一般意义上的法律实证主义者不同的是，他们认为：（1）很少或几乎没有哪个道德原则是根据它是否约束法院才应被视为我们法律的一部分的。（2）如果某种事物确实取决于法律这个名称，例如，如果我们说，法院不能适用不是“我们的法律的一部分”的任何一项规则或原则，那么我们完全可以说，可以在司法中适用的道德规则和道德原则（不同于被适用的外国法）就是（准确地讲就是在道德上和法律上被加以适用的）法律的规则。而这些规则正属于我们法律中所谓的万民法的范围。

那么这是否等于承认——相比于当代法律实证主义理论——自然法理论并不旨在去确定我们这一共同体的渊源于社会事实的法律(即被设定的、纯粹实在的法律)的确切内容与界限?绝非如此。因为(1)当代法律实证主义理论已经摈弃了诸如边沁这样的古典法律实证主义者所主张的论题,即认为法官和公民一样都应当(作为一种政治—道德义务)遵守他们共同体的实在法。这些法律实证主义者们关于法律理论的文章或评论,或公开或不公开地都把哈特式的立场["这是法律,但这却太不公正,所以不要适用或遵守"(哈特,1961,第 203 页;1994,第 208 页)],而不是把边沁式的立场["在一个由法律统治的国度中,严格地遵守法律……自由地批评、谴责法律"(边沁,1776)]推荐给法官和公民。因此归根到底(尽管是表面的),他们为了获得一种合理且合法的司法裁判而把实在法与其他标准区别开来将仅仅只是暂时性的。而另一方面,(2)自然法理论与所有法律实证主义理论一样都坚持认为:合理且合法的司法裁判应像一个善意勤勉的技匠一样优先考虑社会事实渊源,以及优先考虑源于这些渊源的规则与原则,当且仅当它们"由于太不正义而不应被适用"的情形下才把它们放置一边,并采用以此产生的新的规则,以使得它与特定法律体系中法官据以作出裁判的所有其他(不是太不正义的)原理、规则和原则尽可能地保持一致。

3.1.1 一个例证:纽伦堡审判

人们所知道的那几个主要的德国战犯是在1945年根据德国投降后占领德国的那几个国家所达成的一个协议——即"1945年8月8号伦敦协议与章程"——而被确定为战犯的。法官认为被告每时每刻都受到体现在《伦敦宪章》(*London Charter*)中的原则或规则的约束,这些义务并不源于他们所达成的协议(这一协议是在这些被追究的行为发生之后达成的),就其中某些被认定的犯罪而言,这些义务源于国际法,而就所谓的"反人类罪"而言,这些义务则源于"人性的基本律令"。被告应对他们侵害这些规则和律令的行为负责,同时,他们的行为也不能因为符合德国法律而使其成为合法的行为,所有上述观点都不是对以下这条正当法律原则的侵犯:"除非一个人侵犯了法律,不然,他永远都不应当受到惩罚。"

(1) 在排他性法律实证主义者看来,这种统治的后果是:法庭在道德上被授权适用道德规则,尽管如此,"被适用的规则"无论是在犯罪的时候还是在起诉的时候都不是法律的规则。(2)在包容性法律实证主义看来,这些统治的术语可以被视为:这一宪章对法庭而言是实在法,并且命令法院适用道德规则,这些道德规则基于宪章的那种法律性命令而被视为法律规则。(3)自然法理论的阐述看起来更有解释力:被适用的道德规则同时也是可适用于所有时间和地点的“高级法”规则。当社会事实渊源——它在通常情况下是支配性的和类排他性的法律渊源——不能充分、合理和正当地引导人们去实现某些义务时(例如实现法律上的正义的法律义务,或每一个人有义务根据最基本的人道行事,即使在有命令要求他不要如此做的时候——尽管根据某种现存法律体系的形式或社会—事实标准,这些命令具有内在于法律体系的法律效力),这种“高级法”就可作为法律论辩和法律判断的渊源。并且如果一个人怀疑征服者的正义,那么这些怀疑同样也可以诉诸类似的高级法原则,即万民法,或理性法和人道法。

3.2 自然法和(纯粹)实在法作为法律推理两个相互支持的层面

从这点上看,自然法理论发现,不仅是在像纽伦堡这样的极端情形之下,而且也在一个完善的法律体系的日常运作中,德沃金有关法律和司法裁判的阐述与他们的观点极为相近。德沃金认为,标准的司法裁判和司法推理包括两个层面或两个标准，以便用以判断正确的事物和不正确的事物。第一个层面包含各种社会事实渊源（成文法、先例、实践，等等），德沃金将其称为“法律质料”（legal materials）。另一个层面包含各种道德标准，据称是那些普遍存在于法官所属共同体中的道德标准，但归根到底仅仅是被法官所承认的真正具有道德合理性的道德标准。尽管一种具有道德合理性的法律解释与法律质料的关联相比于其他可替代的解释与法律质料的关联更为松散，但只要这种解释“充分地”符合那些社会事实渊源，这种解释就具有法律上的正确性。这些如此被适用的道德标准——德沃金（与自然法理论一样）把它们视为能够成为真理和具有道德上的客观性和正确性的标准——作为法律的直接渊源而起作用，并且在某种意义上，作为法律而起作用；除非在相应共同体中，它们与整个系列的社会事实渊源的联系相当脆弱，以至于可以更确切地讲，适用它们的法官更多的是在适用道德而不是在适用法律（因此，如果他们说他们在适用法律，就是在说谎或犯了错误——德沃金认为有时可值得表彰的一个谎言）（德沃金，1978，第326—327、340页）。

一种不同于德沃金的法律理论，且完全把自己视为是在自然法传统中进行理论建构的法律理论将会以如下两种方式与上述立场区别开来。

（1）它不同意德沃金的论点，德沃金认为即使在极其疑难的案件中也存在一个唯一正确的答案；自然法理论否认他的这样一个假设：即认为存在一个唯一正确的和可合理确定的评判标准，该标准可用以评判在多大程度上与现存法律质料（社会事实渊源）相吻合才“足以”（必要且充分）适用道德标准来确定法律上正确的法律解释。在缺少这样一种唯一评判标准的情形下，法律推理必须——并且在极其疑难的案件中通常是——满足于这样一个结果：即存在两个或三个正确的可供选择的解释，也就是说，不是错误的（尽管不是唯一正确）解释，以区别于大量其他的解释。

（2）当法官为了避免严重的不义而背离有关法律的固有理解（并且可能是背离一项明确的法律条款）而适用一个可替代的道德上被认可的解释，把他们自己视为是在做更高的理性法、自然法和人道法所要求的事情，而当他们说他们这样做既是在适用也是在修正（他们国家的）法律的时候，我们也不必说他们是在撒谎（参见下文第4节的论述）。

3.3　法律统治需要“实在性”的意涵

与德沃金的两个层面的阐述相类似，自然法理论赞同格林对法律实证主义的特征的界定。

（1）一个政策是正当的、明智的、有效率的或审慎的这样一个事实绝不是使其成为事实上的“法律”的充分理由；并且(2)一个法律是不正当的、不明智的、无效率的或不审慎的这样一个事实也绝不是怀疑其不是“法律”的充分理由。

关于(1)：法治而不是人治所要求的是法律制度体系，即法律体(*corpus iuris*)，并且因此，一个道德原则(自然法)或万民法所内含的意思可能是一种恰当意义上的法律的统治，但尽管如此也仍然不是我们法律的一部分，更不必说是一种纯粹的“政策”，即由法律所制定的、旨在考虑“效率”和“审慎”的政策，除非这一道德原则的内容、概念化的体系以及形式——无论是在司法活动中，还是在其他法律思维活动或法律裁判乃至立法活动中——符合于我们法律的其他部分(特别是符合于相关的部分)。

关于(2)：一种充分意识到是法治而非法官之治才具有可欲性的自然法理论(参见1.3节)，在其排除适用已被固定下来的(源于社会事实渊源的)法律时比德沃金本人更为谨慎。在道德上允许排除适用固有法律的情形中，自然法理论认为法官被授权根据更高的和永恒的人道法，即万民法或一系列为所有文明人所共享的法律与正义的普世原则，来进行裁判。这种更高的和永恒的法律剥夺了已被确立的法律，更准确地讲就是那些在司法裁判中已经被承认为是确立下来的法律，对于法官和人们的规范力。这种道德授权是否也是“法律的”和“据法律而做出的”？那么法官在道德上被授权排除适用的这一“已被确立的法律”是否就不应被视为法律，即便它先于法官所作出的裁判？下文将表明，这一问题既应作肯定的回答，也应作否定的回答。

4. “恶法非法”？恶法具有约束力吗？法律的约束力？

在恶法这一情形中，为社会事实渊源所确立的法律在其失去对法官和公民的指引力之后，是否也失去了它的法律效力？对此问题的回答依赖于提问的商谈语境。如果一个反思或一种话语注重规则所拥有的“被确立”或“被实在化”的特性可以通过指称社会事实渊源而被识别，那么人们可以说尽管它由于太不正义而不被遵守或适用，但却还是具有法律上的效力。另外，如果商谈语境更适合去强调这一规则缺乏对法官和公民的指引力，那么人们就可以说这一规则尽管与社会事实渊源相联系，但它不仅不具有道德上的指引性，而且也不具有法律上的效力。任何一种讲述方式都道出了真理的某些重要方面，甚或说，他们各自所道出的真理在其所强调的方面上不同于对方。

“恶法非法”的意义在本质上与哈特的以下主张相一

致:“这是法律,但却由于太邪恶而不被适用或遵守(或作为一种辩护)。”在现代法律理论家中(特别是哈特),没必要为上述说法而太过激动或产生敌意。没有人会不理解诸如这样的一些用语:“一个无效的论证不是论证”“一个不忠的朋友不是朋友”“一个庸医所开的药方不是药方”,等等。“恶法非法”与上述用语具有同样的逻辑,它承认,在此句子的开头几个词中就已表明,其所探讨的事物在某些重要意义上——可能是在一般的和假设的重要意义上——就是法律,但是它的否定谓词(non est)表明:因为正义是尊重法律和具有法律资格的重要理由,所以这一特殊的法律由于其缺乏正义而致使其失去它所具有的重要意涵,这一意涵是所有法律声称都应当要具备的。因此这一法律仅仅是这样一种意义上的法律,特别是在法律被视为(如哈特自己所认为的)一种行动理由或所声称的行动理由的时候,这种法律应当被视为是一种歪曲的或次要的、非核心意义上的法律。

注释:

由柏拉图、亚里士多德以及阿奎那所阐发的古典政治理论,经常在核心概念或核心术语与有偏差的概念或有偏差的术语,甚或是边缘情形下的类似概念或类似术语之间作出区分,因此阿奎那从未讲“恶法非

> 法”，而是讲“恶法不是直接意义上的和绝对意义上的法律”，或者是讲“恶法是一种被败坏了的法律”，以及讲一些类似的话。然而，阿奎那在别处也讲“一个不正义的(法庭)判决不是一个判决”，但很清楚，他可能仅仅只是类似地使用了简单化了的或口号式的法律措辞。

在哈特驳斥“恶法非法”的论著中，上面所说的话似乎都被忽视了(哈特，1961，第204—207页；1994，第208—212页)。哈特认为“恶法非法”这个口号的使用往往会阻碍或混淆对于法律的道德批判；哈特的这个论点从历史上以及从逻辑上看都是不能成立的。这个口号除非被作为是对法律进行道德批判的表现形式或鼓励其进行这样一种批判的激励机制，不然就很难被理解；如果不是首先误用了这个口号——正如哈特以及那些忠实于他的论证的人所做的那样——不然，这个口号几乎不可能被反驳；把他们的视线从第一个谓词移开，这样就意味着不正义的统治是一种**法律**的统治。

某些理论已经接受了自然法理论的某些基本信条，并且声称要成为自然法理论，但是这些理论却主张，甚至是那些最邪恶的法律也创造了一种守法义务，且这种义务既是法律义务，也是道德义务。康德的理论(参见阿列克西，

2002，第 117—121 页）就是这样一种理论：他认为一个法律体系可以完全由实在法组成，但必须在其“之前附加一种建立起立法者权威的自然法……并完全通过立法者的独断行动来约束其他人（的行动）”。但是这种所谓的“自然法”（natural-law）的基本规范并不关注实在法律规则的内容的正当性，而是完全关注法律的确定性和国家的和平，基于此，康德排除了任何反抗不正义法律的权利。阿列克西已经指出，在康德试图回避古典立场的努力中存在诸多混淆和矛盾。这一古典立场认为：这些法律太过邪恶，以至于能够且应当否定它们所具有的法律特性，这意味着公民和法庭在道德上和法律上有权不把这些法律看成是法律，或否认这些法律是法律。在此方面，就像在其他许多方面一样，17 世纪和 18 世纪的哲学发展（正如 20 世纪和 21 世纪的那些与他们具有类似特征的哲学发展一样）与其说是进步，不如说是退步。

5. 法的一般理论可能是价值不涉的吗？道德的价值不涉？

描述由特定的人或特定的社会作出的价值评价当然可能是价值不涉的。历史学家、侦探人员或其他实地考察者无疑认为在做研究和得出描述结论的过程中存在某种价值评价，但没有任何必要把这种价值评价纳入到描述活动中。并且描述活动也没有必要肯定或否定该描述所传达的价值评价。但是如果一个人致力于为人类实践活动和制度（诸如法律、友谊、宪法，等等）提供一种一般性的阐述，那么情形就会变得完全不同。在此，一个人所遇到的不是要选择和优先考虑研究活动本身，而是要从一系列术语和概念中，即那些已经在被研究的个人和组织的自我理解中被使用的术语和概念中选择和优先考虑其中某一组概念（以及相应的术语）。

由于一般性的描述性阐述的对象是某种为理性（或多或少是理性的合理运作）所筹划的实践或制度，并且指向个人和组织体的理性考量，因此一般而言，没有理由不优先考虑那些更理性、更合理、更积极地对理性作出反应的实践形式或制度形式，而相应地不去考虑其他"相同的"或类似的实践形式和制度形式。归根到底，评价"这一理论活动的目的是否合理"的标准是描述理论家在处理他或她自己生活中的类似实践问题时应当要使用的一组合乎理性的判准。

马克斯·韦伯（Max Weber）预言了"价值不涉"的社会科学，在他的作品中，我们明显能够看到，在关于诸如法律这样的社会实在的一般理论中，选择使用概念和术语的时候,必然会带着某种价值判断的因素。例如,他在对统治形式(崇高)的阐述中确定了三种纯粹的、核心的、典型的类型(理念型):魅力权威(charismatic)式的统治形式、传统的统治形式和理性的(科层制的、法律的)统治形式。但他对前两种类型的阐述几乎完全是参照它们与理性型统治的差异而作出的,基于韦伯和他的读者对于人类善(人类福祉的基本方面)以及相关实践真理的认识,第三种类型的统治的合理性在他们那里都是自明的(参见菲尼斯,1985,第170—172页)。正如人们在亚里士多德的《尼各马可伦理学》和《政治学》中所看到的对于自然法理论的运用一样,他要把理论家所做的价值评价公开化和明晰化(不让其躲藏起来),并且把这些价值评价纳入理性的审查和论辩中。

拉兹、迪克森(Dickson)以及其他人都认为此种价值评价是必然的,但是他们否认这种价值评价是道德评价(迪克森,2001)。但当一个人一旦要合理地行动,那么除了好的理由之外,难道其他理由还会有意义?如果道德理由就是实践理性,亦即完全批判性的和恰当的理由,那么道德理由在社会科学(包括描述性的一般法律理论)的概念形成中就会占据一个根本性位置。并且这也不会产生哈特所担心的后果,亦即把对邪恶的法律或制度的研究留给其他学科(哈特,1961,第205页;1994,第209页)。但是事实是这些邪恶的法律或制度正是自然法这样一种理论所真正要关注的,因为它们对立于一种(实质上或程序上)具有道德善的法律体系。亚里士多德的《政治学》,尽管在方法论上有所缺陷,但我们从中却可以看到这样一种描述理论:也就是说,在一种为理论家的道德判断所引导的描述理论中,对不合理的社会形式、社会实践和社会制度进行敏锐的确认和描述。

尽管如此,描述社会理论仅仅只是法律的自然法理论的一个分支。他们的关注重点在于确定法律得以被证成的各种条件,也就是说,法律将在如下两种意义上被证成:一是法律能够且应当比无政府状态或专制甚至是仁慈的"人治"更好;二是这种或那种法律原则、法律制度或法律规则被认为比其他可替代的行动理由或所声称的行动理由更好。正如格林在2003年撰写的"法律实证主义"这个词条中所说的:

"当然,评价性论证(evaluative argument)是更一般意义上的法律哲学的核心。没有哪个法律哲学家**仅仅只是**一个法律实证主义者。一种完整的法律理论同时要求对那类可能具有法律价值的事物(法律是否必须是有效率的、精致的,以及正义的?)作出阐释;要求对

> 法律在司法裁判中所应扮演的角色(有效力的法律是否应当一直被适用?)作出阐释;要求对法律向我们主张的义务(是否存在一种遵守法律的义务?)作出阐释;也要求对我们应当享有何种法律以及我们是否应当享有法律这样一些最核心的问题作出阐释。法律实证主义所持有的认为法律的存在和内容依赖于社会事实的主张尽管提示出了这些问题,但它并不致力于回答这些问题。”

没有哪个法律哲学家需要或应当成为一个法律实证主义者,这样讲难道不是更好?因为在各种有关法律的自然法理论中,法律对社会事实的依赖性得到了完全的承认,同时也得到了阐明。这并不是自然法理论家的“让步”,相反,在法律实证主义开始兴起并对自然法理论提出挑战的许多个世纪之前,阿奎那就已经充分阐明了自然法理论的这些主要立场。法律实证主义对自然法理论的批判,除非是建立在怀疑道德判断之可能性的基础之上(在上文中我已间接对此种怀疑论进行批驳),不然,它的所有批判必然是建立在对自然法理论家著作的误解之上(参见菲尼斯,1980,第23—55页;索普,1992)。

此外,“法律的存在和内容依赖于社会事实”这个法律实证主义的论题是如何体现像“我们是否应当享有法律”这样一些基本问题的？格林的主张是否颠倒了法律研究和反思的合理秩序。人类的基本需求和处境每时每刻都向人们强烈地表明他们应当制定和维护某些我们称之为“法律”的规范，这些规范直接依赖于或在很大程度上依赖于诸如习俗、权威性的立法活动以及司法裁判这样的社会事实。正如哈特在《法律的概念》中所做的那样，法律哲学批判性地追溯和澄清了那种最基本的实践推理。在《法律的概念》中，哈特建构了一种描述性地解释法律的阐述（也就是改进了他以及我们对于法律的理解和定义），即通过解释“规则”如何区别于“习惯”；“权力”所具有的功能和社会价值如何区别于“义务”所具有的功能和价值，因此不能被还原为义务；以及宣布暴力、偷窃和欺骗为不法的“主要规则”如何基于其缺乏内容和适用上的确定性以及其静止性而需要辅之以“承认规则”“裁判规则”和“变化规则”这样一些“次要规则”，而这种补救性的辅助性规则正使得社会转变成为一个法治社会（法律体系）。在哈特《法律的概念》一书中，以一种描述性的（而不是辩护性的）模式阐发的原理——且是通过对实践理性之渊源（即在解释性地描述法律的过程中所使用的那些渊源）的不完整的检讨——难道不应当被作为“自然法的法律理论”的一个方面？哈特的描述尽管存在瑕疵,但难道不正是因为他的描述发掘出了某些基本的正当理由——即那些为描述活动提供描述材料的人所使用和构想的正当理由——而使其相当成功?哈特认为,对于“什么是法律”(即法律的概念)的确定是建立在阐释“为什么法律是一种对普遍人类需求的理性反应”的基础之上的,在他提出这样一种主张时,他难道不正是与亚里士多德以及自然法传统(菲尼斯,2003b)共享一个更深层次的方法论基础?

这绝不是说在本条目中所阐释的那类合理的法律理论应当被称之为“自然法理论”。像所有哲学一样,我们所应做的理应是考察它的主张而不是某些标签。

6. 自然法理论的其他原理

如若想要成为一种“整全性的实践理性理论”(该理论将引导我们趋向每一个共同体及其成员的共同善)的一部分,任何“自然法的法律理论”都必须把下面所有这样的论题与法律联系起来:亦即在自然法理论的道德和政治部分中被提出和被加以辩护的论题,以及在对人类成就和人类处境之固有特征的合理理解中被提出和被加以辩护的论题。因此,除了格林在上文(第5部分)所列出的那些问题之外,像下面这三个问题(有关其他问题,参见菲尼斯,2002)亦应被自然法理论视为法律科学、法律理论和法律哲学不可或缺的一部分。

6.1 行动和言语中的意图

法律规则是一些实践理性命题。在法律主体的判断、选择(决定)和行动(包括选择不作为)中,这些法律规则往往被作为命令。因此一种合理的法律理论需要综合性地和批判性地理解"选择行为的结构",特别是如下因素之间的相互关系:所意图的目的;所采用的手段;几乎所有那些同时也是手段的目的的双重特性,以及几乎所有那些同时也是目的的手段的双重特性;以及在某些选择方案中——体现或允诺那些与"可替代的其他选择带来的利益与不利"不能通约的(不完全通约的)(菲尼斯,1997)利益和不利——进行自由选择的可能性与必要性。这样一种理解将澄清刑法教义学(案例法和教科书)中那些一直以来都有些粗糙的有关犯罪行为(*actus reus*)和犯罪意图(*mens rea*)的阐述,这些阐述经常不能区分这样两种行为:一种是在物理上或习俗意义上可被划分成一节一节的行为,另一种是进行选择的行为,即选择一种在行动主体的考量活动中既已形成并且因此被给予优先考虑的建议。"所意图的或所选择的手段（或目的）"与"可预见的甚或完全预知得到的后果（副作用）"之间的区分，就像可分别运用于意图后果和非意图后果的"道德标准"与"法律标准"之间的必然区分一样，是心理学意义上的区分且具有道德上的真实性。但是一种过于简单化的法律教义学由于太不愿意看到作此区分所导致的（非常严重的）风险（即辩护人往往对他们真实的想法闪烁其词），因此经常歪曲这种区分。无论辩护人怎样闪烁其词，法院所能从中推导出结论的是一种行动描述，在这种行动描述的基础上，"被选择的行为"是辩护人在他/她实际的审慎考量活动中更愿意选择的行动（区别于那些理性化的行动描述，这些描述是从更理想的视角来描述动机的）。

法律的自然法理论也将探讨存在于特定的但却相联系的"意义沟通场域"中的意图的实在性，并为其进行辩护。这并不意味着在宪法解释中存在一种绝对的和简单的原教旨主义（originalism），也不意味着简单地否定法律教义学的独特主张，即认为能够客观地（不是主观地）确定法律各方所同意和宣称的意图，也就是说，能够客观地确定我们所讨论的陈述在一个理性的观察者眼中的真正意旨。因为，在此种解释中，相对于该陈述的陈述者事实上（主观的）所表达的，亦即试图要表达或陈述的意旨（在作出陈述的情景中观察者所可能察知的范围内），理性观察者的视角（并且因此是客观的视角)在假设的意义上被给予一种优先性。

6.2 责任与惩罚

刑事责任(罪责)主要是针对侵犯者有意而为的行动及其后果。疏忽责任在现代刑法中相对比较少见,尽管在现代赔偿法中(民法),疏忽责任是最盛行的责任形式。通常从属于侵权责任/民事责任的注意义务和注意标准在某种程度上是道德责任,而在某种意义上则是习俗性的责任。但是即便如此,它们也绝不是一种以(在法律实证主义中被给予无条件优先性的渊源的意义上的)渊源为基础的责任。

在法律上,刑事规则(主要是禁止性的)的主要目的在于消除或至少是阻止某种具体的作为(或疏忽)。在刑法和惩罚制度的这一阶段,该目的可被称之为威慑。威慑这一目的在一定程度上是通过强制以及在侵犯和定罪过程中适用威胁性的制裁而达致的,上述这个事实并不意味着威慑是惩罚的主要目的甚或是最主要的目的。事实上,惩罚制度最主要的意义并不在于"威慑",并且威慑也没有为惩罚的正当性提供证明。相反,惩罚制度最主要的意义及其正当性的根据在于"恢复为犯罪者扰乱的负担与利益之间的公平性平衡",准确地讲,就是在犯罪者选择有利于他们自己的目的和利益的行动时,扰乱了他们与那些限制他们自己的行动以避免侵犯法律的人之间的公平性平衡。犯罪者通过优先考虑能给自己带来利益的选择方案,从而使他们自己能够享有一种比所有那些限制他们自己的行动而服从法律的人所能获得的利益更多的利益。这样,犯罪者就扰乱了他们自己的行为和法律禁止的行为之间所确立起来的利益与负担的公平性平衡。因此,惩罚最主要的目的可以被视作为:通过剥夺被确认为有罪的犯罪者因不公平行为而获得的利益(过度的行动自由),也就是说,通过使用各种措施和惩罚(它们的真正目的在于根据他们沉湎于他们自己利益的程度来限制他们的行动自由,无论是通过罚金还是通过监禁),以便恢复那种被扰乱了的平衡。此种方式上的惩罚试图确保在侵犯行为发生之后和适用刑罚之前的时间范围之内,没有人能够通过侵犯其他人而获得利益。

因此,就像在民法中(侵权、不法行为,等等),“赔偿”矫正了存在于侵权者与受害者之间利益与负担的不平衡一样,刑法中的惩罚矫正了犯罪者与这一共同体中所有那些遵守法律的成员之间的平衡关系。对惩罚的此种报应式的证成方式(一般性的证成目的)说明了为什么精神状态(mental competence)和犯罪意图是刑事罪责和惩罚责任在法律上的前提条件。惩罚作为报应式判决的附带效应,以及作为实施某些具体措施的目的(例如作为建立监狱制度的目的）是与威慑、保护和改造这些同时并存的目的相一致的。它既预设了又强化了这样一种事实：即政治共同体——作为我们生存于其中的共同体——要平等地对待所有犯罪的人和守法的人。

6.3 每一个法律体系都属于并且是为了某个特定的政治共同体

（1）一个法律体系如何基于合法的程序而独立于另一个法律体系；（2）一个法律体系的某些部分（例如它的宪法，或确立和规定官员职位与职责的规则）如何基于不合法的程序（或革命）而被取代。对于上述这两个问题的探讨将表明（参见拉兹，1979，第 100—109 页）：一个现存法律体系的自我认同（即作为同一个法律规范体系）并不能通过一个仅仅指涉规范以及它们相互间关系的（作为有效的规范）说明而得到解释（或得到融贯的描述）。一个法律体系的这种非即时性认同是该法律体系所在共同体之存在认同的一项机能。法律理论是一个共同体（在典型的意义上，就是民族国家）及其成员之历史理解（包括自我理解）的替代物（辅助性的），而不是某种偶然事件或人与事的叠加，并且这种历史理解必须在某种实质意义上独立于这些法律规范，这样，共同体就可以成功地为它自己及其成员制定法律。无疑，在法治之下生活在一起所共同分享的目的以及我们所共同分享的对于“这些法律作为我们自己的法律的承认与认同”的记忆，是我们共同理解“政治共同体的自我认同”和“法律的自我认同”的重要组成部分。但是，如果“合法的独立”以及“革命性的宪法变更”这些现象要成为可能的话，那么其他被共享的“目的”“记忆”以及“行动的倾向”在实质意义上也必须在场。

自然法理论的这种批判性的实在论，体现在对以下这样一些现实存在的事物的讨论中：一是区别于远见和疏忽的“意图”，二是“自我优先选择”，三是存在于以下两种关系之间的差别：(1)侵犯法律的人与遵守法律的人之间的关系；(2)侵权人与受害人之间的关系。与此同时，这些探究将促使自然法理论采取一种批判性的态度（在一种宽泛的法律理论上）以反思那些存在着的且在某种意义上是通过法律体系而组织在一起的共同体。

参考文献

Alexy, Robert, 2002, *The Argument from Injustice: A Reply to Legal Positivism*, Oxford: Clarendon Press.

Bentham, Jeremy, 1776, *A Fragment on Government*, ed. J. H. Burns and H. L. A. Hart, London, Athlone Press, 1977.

Brink, David, 1985, "Legal Positivism and Natural Law Reconsidered", *The Monist*, 68: 364-387.

Dickson, Julie, 2001, *Evaluation and Legal Theory*, Hart Publishing.

Dworkin, Ronald, 1978, *Taking Rights Seriously*, paperback ed., Cambridge, Mass.: Harvard University Press, [1977].

Finnis, John, 1980/2011, *Natural Law and Natural Rights*, Oxford: Clarendon Press (2nd ed. with same pagination and a Postscript, 2011).

——, 1985, "On 'Positivism' and 'Legal Rational Authority'", Oxford Journal of Legal Studies 5: 74-90; also in Finnis 1991, Ⅱ, 167-83; Finnis 2011a, Ⅳ, 74-87.

——, 1991, *Natural Law*, vols. I and Ⅱ (The International Library of Essay in Law and Legal Theory), Aldershot and New York: Dartmouth Publishing and New York University Press.

——, 1992, "Natural Law and Legal Reasoning", in George 1992, 134-157; also Finnis 2011a, I, 212-230.

——, 1996, "The Truth in Legal Positivism", in George 1996, 195-214; also in Finnis 2011a, IV, 174-188.

——, 1997, "Commensuration and Public Reason", in Chang, Ruth (ed.), *Incommensurability, Comparability and Practical Reasoning*, Cambridge, Mass.: Harvard University Press, 215-233, 285-289; also in Finnis 2011a, I, 233-255.

——, 2000, "The Priority of Persons", in Horder, Jeremy (ed.), *Oxford Essays in Jurisprudence, Fourth Series* Oxford: Clarendon Press, 1-15;

also in Finnis 2011a, Ⅱ,19-35.

——,2002,"Natural Law:The Classical Tradition", in Coleman, Jules and Scott Shapiro, *The Oxford Handbook of Jurisprudence and Philosophy of Law*, Oxford & New York:Oxford University Press,1-60;also in Finnis 2011a,Ⅳ,91-156.

——, 2003a, "Aquinas' Moral, Political, and Legal Philosophy", *The Stanford Encyclopedia of Philosophy* (*Spring* 2006 *Edition*), Edward N. Zalta (ed.), URL = < http://plato. stanford. edu/archives/spr2006/entries/aquinas-moral-political/ >.

——,2003b,"Law and What I Truly Should Decide", *American Journal of Jurisprudence* 48:107-29;also in Finnis 2011a,Ⅳ,23-45.

——,2011a, *Collected Essays of John Finnis*, Oxford & New York: Oxford University Press, five volumes.

——,2011b, "Natural Law Theory: Its Past and Its Present", *Routledge Companion to Philosophy of Law*.

Fuller, Lon, 1969, *The Morality of Law*, [1965], revised ed., New Haven & London, Yale University Press.

Gardner, John, 2001, "Legal Positivism:5 1/2 Myths", *American Journal of Jurisprudence* 46:199-227.

George, Robert, (ed.), 1992, *Natural Law Theory: Contemporary Essays*, Oxford:Clarendon Press.

——, (ed.), 1996, *The Autonomy of Law: Essays on Legal Positivism*, Oxford:Clarendon Press.

——, (ed.), 2003, *Natural Law* (The International Library of Essay in Law and Legal Theory, Second Series), Aldershot and Burlington:Dartmouth Publishing and Ashgate Publishing.

——,1999, *In Defense of Natural Law*, Oxford:Oxford University Press.

Green, Leslie, 2003, "Legal Positivism", *The Stanford Encyclopedia of Philosophy*(*Spring* 2003 *Edition*), Edward N. Zalta (ed.), URL = < http://plato. stanford. edu/archives/spr2003/entries/legal-positivism/ >.

Hart, H. L. A., 1961, *The Concept of Law*, Oxford:Clarendon Press.

——,1994, *The Concept of Law*, 2nd ed., Oxford:Clarendon Press.

Kramer, Matthew, 2004a, "On the Moral Status of the Rule of Law", *Cambridge Law Journal* 63:65.

——,2004b, "The Big Bad Wolf: Legal Positivism and Its Detractors", *American Journal of Jurisprudence* 49:1-10.

Lewis, V. Bradley, 2006, "Plato's Minos: The Political and Philosopical Context of the Problem of Natural Right", *Review of Metaphysics* 60:17-53.

Moore, Michael, 1992, "Law as a Functional Kind", in George, 1992.

Murphy, Mark C., 2006, *Natural Law in Jurisprudence & Politics*, Cambridge: Cambridge University Press.

Orrego, Cristóbal, 2007, "Natural law under other names: *de nominibus non est disputandum*", *American Journal of Jurisprudence* 52:77-92.

Raz, Joseph, 1980, *The Concept of a Legal System: An Introduction to the Theory of Legal System*, [1970] 2nd ed., Oxford: Clarendon Press.

——,1979, *The Authority of Law*, Oxford: Clarendon Press.

——,1985, "Authority, Law and Morality", *Monist* 68:295-324; also in Raz 1995, 210-237

——,1986, *The Morality of Freedom*, Oxford: Clarendon Press.

——,1995, *Ethics in the Public Domain*, Oxford: Clarendon Press.

——,2009, *Between Authority and Interpretation: On the Theory of Law & Practical Reason*, Oxford: Oxford University Press.

Simmonds, N. E., 2004, "Straightforwardly False: The Collapse of Kramer's Positivism", *Cambridge Law Journal* 63:98.

——,2005, "Law as a Moral Idea", *University of Toronto Law Journal* 55:61.

——,2006, "Evil Contingencies and the Rule of Law", *American Journal of Jurisprudence* 51:179-189

——,2007, *Law as a Moral Idea*, Oxford: Oxford University Press.

Soper, Philip, 1992, "Some Natural Misunderstandings about Natural Law", *Michigan Law Review* 90:2393-2423.

自由主义与自然法理论

一

在这个讲座中，我将论证指出，我给自己定的这个题目是一个糟糕的题目，一个树立了坏榜样的题目。“自由主义”与“保守主义”及“社会主义”一样，是一个非常地方性的、偶然的和变化不定的术语，以至于不可能在一种有关社会、政治、政府和法律的一般理论中占有一席之地。因此在此种情形下，我最好马上说，我所使用的“自由主义”这一术语所表达的主张（或一系列主张）与所有那些通常被称之为“自由主义的”主张是不同的，且经常相冲突。我的观点是：

政府和法律应当在它们的适用范围内受到限制，也就是说，存在一些政府与法律不能介入的领域，并且在此领域中存在一种（在一种非常不精确的意义上使用的）“自主的权利”（right to be let alone）。[①] 任何一种合理的自然法理论都将解释和证成一种受到如下三项因素限制的政府权威。

（1）受到实在法的限制（特别是宪法，但不限于宪法）；

（2）受到适用于所有人类行为（无论是私人行为还是公共行为）的道德原则和正义规范的限制；

（3）受到政治共同体的共同善的限制——对于这种共同善，我将论证指出，它在根本上是工具性的，并且因此是有限度的。如果说“有限政府”（limited government）这一术语之所以没有广泛地运用于各种自然法理论之中，那是因为它是一个模棱两可的概念。无论是在种类上还是在来源上，对于政府和政治权威的恰当限制都是非常多的。尽管如此，“有限的”只是在某种意义上才是政府的一种可欲特性：拥有权势的坏人（集团）往往要求一种有限的政府，这样，他们就可以作威作福、剥削弱者，或至少可以安享他们

---

① 托马斯·克雷（Thomas. m. Cooley），《侵权法》（第二版，1888），第 29 页；奥尔姆蒂德诉美利坚案[*Olmstead v. United States*, *277 U. S. 438*, *478* (*1928*) (Brandeis, J., dissenting)]；波尔诉乌尔曼案[*Poe v. Ullman*, *367 U. S. 497*, *550* (*1961*) (Harlan J., dissenting)]；波乌尔诉哈德威克案[*Bowers v. Hardwick*, *478 U. S. 186*, *199* (*1986*) (Blackmun, J., dissenting)]。

的财富而不必劳神于救济他人。因此，“有限的”不可能像“正义”一样成为一种框架性的术语(framework term)。

在我看来，13 世纪的神学家托马斯·阿奎那是第一位政府理论家，他将“受到法律限制的政府权威/权力”这一可欲之事作为一个具体的概念而对其进行了详细的探讨。(但是那些有关优先性的问题却未曾得到严肃的考虑)。作为一名哲学家，阿奎那为亚里士多德的《政治学》做了评注，在其评注的正文第一页，他详细阐释了亚里士多德已经提出但未曾予以详尽解释的一个区分，即有关政治政体(political types of government)与王权政体(regal types of government)的区分。阿奎那讲到，在“王权政体”中，统治者拥有绝对权威，[①]而在“政治政体”中，统治者的权威是“有限的(*coarctata*)，即必须遵守政治体中的某些特定的法律”。[②]

---

① 同时参见托马斯·阿奎那，《神学大全》(I—II q. 105 a. 1 ad 2)。

② 阿奎那，《亚里士多德〈政治学〉评注》(*In Libros Politicorum Aristotlelis Expositio*)(I, 1, Marietti ed., 1951, n. 13). 在他的《君王论》(*De Regimine Principum*)(I,6)中，阿奎那声称，当一个人是统治者的时候，这个人的权力/权威应当受到“限制”(*temperetur potestas*)，以避免其变成独裁(也就是说，以避免他的统治是为了私人的利益而不是为了共同善)。阿奎那在“王权统治”与“政治统治”之间所作之区分被福蒂斯丘(Sir John Fortescue)所采纳，参见他的《论英国的统治》(*The Governance of England*)(1475 年，c. 1)；《论自然法的性质》(*De Natura Legis Naturae*)(1462 年，c. 16)；《英国法赞誉》(*De Laudibus Legum Angliae*)(1469 年，cc. 2—4)。由此，我们可以发现一条从福蒂斯丘通往库克(coke)和英国主流宪政思想的道路。福蒂斯丘的《论英国的统治》一书的第一位编辑[克里登的福蒂斯丘勋爵，当时(即 1714 年)是威尔士国王的法务官]将其取名为《绝对

为什么要限制统治者的权威？阿奎那有关亚里士多德《政治学》的评注是一部未完成的著作，他在讨论“法治而非人治”的可欲性的章节之前就结束了。[①]但在他对亚里士多德的《尼各马可伦理学》的评注中——即卷1—5所简要总结的法治的优点中[②]——阿奎那扩充并略微深化了亚里士多德的观点：正当的政府不会宽容一种不受规范约束的统治者的统治（即“人治”），而要求统治者必须根据法律进行统治，这完全是因为法律是一种理性的律令，而致使政府走向专制（为了统治者自己的利益进行的统治）的原因则是统治者所拥有的人的激情。这些激情使他们倾向于分配给他们自己比原本应当得到的份额更多的利益和更少的不利。阿奎那在《亚里士多德〈政治学〉评注》中提出了另一个理由。政治政体（区别于专制政府）是自由和平等的人的治理活动；因此基于平等的原因，治理者与被治理者（统治者与被统治者）之间的角色要相互轮替，这样，许多人或是在某

（接上页注释）

君主制与有限君主制的区分》（*The Difference Between an Absolute and Limited Monarchy*）。在《论英国的统治》第一章中，正如在他的那些著作中论述同一主题的其他部分，福蒂斯丘诉诸阿奎那的权威，特别是公开地声称其诉诸《君王论》；然而，没有证据能够证明他阅读了阿奎那对亚里士多德《政治学》的评注，参见福蒂斯丘，《论英国的统治》[查理斯·布鲁姆（*Charles Plummer*）编辑]，牛津大学出版社1895年版（Oxford University Press，1895），第172—173页。

① 例如亚里士多德，《政治学》（III，10：1286a9），等等。

② 亚里士多德，《尼各马可伦理学》（V，6：1134a35—b1）。

个职位上承当治理的责任，或是在一系列这样的职位上承当治理的责任。[①]

这样一种有规律的政治职位的轮替——通常与选举相互关联[②]——明显需要法律的规制，而这些法律正是组织和确定（定义）这些职位的法律。因此，那些在某一时刻担任某一职位的人就是“根据法律”（*secundum statuta*）[③]行事。阿奎那的核心观念是：“自由和平等”。事实上，阿奎那在他自己独立写就的神学著作中讲到，政府权威最好的组织形式（*optima ordinatio principum*）将包括这样一点：即“在以下两种意义上每一个人（*omnes*）都分享统治，一是每一个人都有资格成为统治者，二是那些实行统治的人是由每一个人选举出来的”。[④] 因此那些超越宪法的限制而去制定超越权限的法律的人就是在行不义之事；[⑤]他们的行动正是另一种

---

① 阿奎那，《亚里士多德〈政治学〉评注》（I，5，Marietti ed.，1951），第 90 页：政治之事是自由且平等的人民的统治，所以，统治者和被统治者，因为他们的平等性而相互变换角色，并且大多数人以相同或不同的职务被任命为统治者（*Politica est principatus liberorum et aequalium*：*unde communtantur personae principantes et subiectae propter aequalitatem*，*et constituuntur etiam plures principatus vel in uno vel in diversis officiis*）。

② 参见阿奎那，《亚里士多德〈政治学〉评注》（I，5，Marietti ed.，1951），第 152 页。

③ 阿奎那，《亚里士多德〈政治学〉评注》（I，5，Marietti ed.，1951），第 152 页。

④ 阿奎那，《神学大全》（I—II，q. 105 a. 1c）。参与政治统治是拥有公民资格的本质要素，关于这一点，参见阿奎那，《亚里士多德〈政治学〉评注》（III，1，Marietti ed.，1951），第 354 页。

⑤ 一种恶法形式（因此更是一种暴力，而不是严格意义上所理解的法律），阿奎那，《神学大全》（I—II q. 96 a. 4c）。

形式的攫取，即攫取比他们原本应当得到的份额更多的份额（在此情形之下，如果不是其他什么东西的份额的话，就是分享权威的份额）。

在接下来的几个世纪中，对法治国（*Rechtsstaat*）或法治（Rule of Law）的原理和内容的阐述，并且因此对法律限制政府的范围和目的的阐述，都得到了某种更为细致和更为丰富的发展。尽管如此，与早先亚里士多德与阿奎那的学说一样，之后那些基于历史经验和公共法律人的反思而得到的更进一步的阐述事实上也都属于自然法理论，对此，在接下来的部分我希望能够说得更清楚一些。

二

相比于宪法或其他法律对于政府的限制，道德原则和道德规范对于政府的限制更为严格且层次更深。自然法理论将这些道德原则和道德规范视为理性的原则和规范，[①]并且这些原则和规范是在每一正直的人的审慎考量活动中被

① 参见柏拉图，《理想国》（IV，444d）；（在 IX，585—586 中）柏拉图论述了根据理性而作出的行动，因此是根据自然而作出的行动。对此，阿奎那作了更加详细的阐述，阿奎那，《神学大全》（I—II q. 71 a. 2c）："人类之善就是与理性相一致，而人类的恶就是违背合理性的秩序……因此，人类的德性……仅当这种本性是与理性相一致的意义上，就是与人类的本性相一致；仅当这种本性与合理性的秩序相反对的意义上，而人类的恶习就是与人类的本性相反对。"

认可的限制,即辅助性的约束。统治者的公共责任和权威并不能使其免于这些限制:[①]不能故意杀害无辜者;不可奸淫;不可撒谎;不可动用私人拘禁,如此等等。重申这些真理——即认为对于政府的这些限制事实上是存在的,并且可以根据"真正不可侵犯的权利"这一相对现代的语言来阐述这些限制——是教皇通谕《真理之恢宏》(*Veritatis Splendor*)的主要教义之一,并且你可能会惊讶地听到,这一通谕作为罗马天主教教会的最高学说权威的首要努力,已经试图"详细阐明基督教之道德学说的基本原理"。[②] 有一个传统观念,它认为上述这些真理既与神圣启示相关联,又不必诉诸启示就可以由理性直接获得,对于该观念的证明可能需要另外一个讲座,或一系列讲座。我已在与格里塞茨、波义耳(Joseph Boyle)合著的《核威慑、道德与实在论》(*Nuclear*

---

① "规范个人生活和个人行为的自然法也必须同时规范政治共同体之间的关系……政治领袖……仍受到自然法的约束……且不拥有任何可以违背最细微的自然法律令的权威",教皇约翰二十三世(John XXIII),《全球和平教谕》(*Encyclical Pacem in Terris*),1963 年,第 3 部分,第 80—81 段。参见菲尼斯、波义耳和格里塞茨,《核威慑、道德与实在论》,牛津大学出版社 1987 年版,第 205 页。

② 《论真理之恢宏教谕:有关教会之道德教导的某些基本问题》(*Encyclical Letter Veritatis Splendor Regarding Certain Fundamental Questions of the Church's Moral Teaching*)(1993 年 8 月 6 日),第 115 部分。探讨那些可能受到侵犯的人权(即那些建立在道德规范基础之上的且无一例外地禁止本性上是恶的行动的人权),集中在第 95—101 部分。

Deterrence, Morality and Realism)[①]的最后四章中,以及在晚近刚写就的《道德的绝对真理》(*Moral Absolutes*)[②]一书中,对上述这个计划做过某些阐释。需要在另一讲座中讨论的问题也包括在教皇信笺中所提出的这样一个主张:即认为"在'十诫'(Decalogue)中第二组律令——即耶稣在福音书中为年轻人举例说明的那些律令(参见《马太福音》19:19)——构成了所有社会生活都必须遵守的规则"。[③] 在我刊载于罗伯特·乔治(Robert George)近来所主编的论文集《自然法理论》(*Natural Law Theory*)的一篇文章中,[④]我提出了一个相类似的主张:法律体系的基础是一些必然的无例外性的规范。这些规范包括:禁止故意杀害无辜者、禁止故意伤害他人和禁止撒谎,诸如此类。在《道德的绝对真理》一书中,我讲过我所知道的有关"十诫"在基督教教规中占据何种位置这一问题。对于这一非常重要的问题,在此我就不再赘述。

---

① 菲尼斯、波义耳和格里塞茨,《核威慑、道德与实在论》,牛津大学出版社1987年版,第205页。

② 菲尼斯,《道德的绝对真理:传统、修正与真理》(*Moral Absolutes: Tradition, Revision and Truth*),美国天主教大学出版社1991年版(Catholic University of America Press, Washington, DC, 1991),特别是第1—83页。

③ 《真理之恢宏》(§ 97)。

④ 菲尼斯,"自然法与法律推理"(Natural Law and Legal Reasoning),载罗伯特·乔治(编),《自然法理论:当代论文集》(*Natural Law Theory: Contemporary Essays*),牛津大学出版社1992年版,第134—157页。

三

政治共同体的政府不仅仅受到(1)宪法与(2)据以限制每个正派之人的审慎考量和选择的道德规范的合理限制，同时也受到(3)用以证明政府之正当性的意图、目的或原理这些内在约束机制的合理限制。我根据自然法理论传统而将这一原理称为政治共同体的“共同善”。但是，这一共同善并不是基本的、内在的或构成性的，而是工具性的。在我公开发表的反思自然法理论的著作中我还未曾对此作过澄清。那么，如何来解释这点呢？每一个共同体都是由其成员之间的相互交流和相互合作构成的。说一个共同体有一个共同善就等于是讲，其成员之间的相互交流和相互合作有一个目的，即其成员在理解、评价和追求过程中或多或少一致赞同的目的。那么，一种批判性的政治理论如何能够确定、解释和表明这些不同种类的理智目的或共同善是完全合理的，并且因此确认、解释和表明各种不同类型的且完全合理的人类共同体类型？这只能通过诉诸第一原则。所有审慎的考量活动、选择和行动的第一原则都是行动的基本理由。赋予行动以理由的事物就是某种可通过成功的行动来实现的理智利益。这些利益包括以下七种，其中每一种利益都是基本的和不可还原的人类机遇形式，且基于其自身的缘故就是好的。

（1）关于实在的知识（包括美学的理解）；

（2）工作和游戏中的娴熟技艺，基于其自身的缘故；

（3）肉身的生活及其构成部分的完善性：健康、富于活力和安全；

（4）个人之间不同形式和不同程度的友爱或和谐以及联合；

（5）男人与女人之间的性的结合；尽管这种结合在本质上包含同伴之间的友爱以及繁衍后代和教导孩子，但是这种结合却似乎具有一个独有的不可还原为友爱或还原为生命之延续的目的和共享的利益，因此应当把这种结合视为是一种独立的人类基本善，将其称之为婚姻［正如比较人类学所确认的，以及亚里士多德特别要去详细阐发的那样，[1]

① 每一个人都知道且大部分人都会公开承认亚里士多德的如下说法：人在本性上是社会的动物，并且事实上是政治的动物。但是，很少有人会意识到亚里士多德的以下说法：人在本性上甚至主要还是配偶性（conjugal）的动物，参见《尼各马可伦理学》（VIII. 12：1162a15—29）。

更不用说斯多葛学派的第三代奠基者墨索尼亚斯·鲁弗斯(Musonius Rufus)];

(6) 在一个人的情感和一个人的判断之间的和谐之善(内在完整性),以及在一个人的判断和一个人的(本真性的)行为之间的和谐之善(真实性),我们将这些和谐称为实践合理性(practical reasonableness);

(7) 与所有实在之最广的范围和最终渊源之间的和谐,包括意义和价值。

上述这些命题——即准确地辨别这些为行动提供(非演绎的、非工具性的)理由的人类基本善,以便实现这些善,并且避免和阻止那些毁灭、破坏或阻止实现这些善的所有事情——被阿奎那称为自然法或自然权利的第一原则[①]:之所以说这些原则是“自然的”,并不是因为这些原则是从对人类本性的某种先天的理论阐释中演绎出来的,而是因为通过对人类繁盛和完满的各个方面的原初的实践性理解,人们意识到以及反思性地和思辨性地领会到以上述这些方式获得完满实现的这类存在者(即人

① 阿奎那,《神学大全》(I—II q. 94 aa. 2c,3c)。

类）的本性。[1] 带着所有这些观念，让我们再回到共同善以及人类共同体的基本类型这一问题。存在如下三类共同善，其中每一类都为某一个独特的开放式的共同体提供构成性的目的，并且直接体现一种人类基本善：

① 相互关爱的帮助、友情的共享以及“真正朋友”的共同体；

② 在婚姻生活中丈夫与妻子之间的相互分担，基于互补而结合在一起，作为肉身的个人，其活动使他们成为父亲与母亲——夫妻的共同体，以及如果他们的婚姻是完满的，就是夫妻与小孩的共同体；

---

① “对事物之自然（nature）的理解是通过理解事物的各种能力（capacities），对事物之能力的理解则是通过理解这些能力的活动，而对这些活动的理解则是通过理解它们的目的（人类基本善作为意志活动的目的）”，这是亚里士多德主义和托马斯主义方法论的最基本原则，但它却经常被人们所忽视，对于该原则的论述，参见菲尼斯，《伦理学基础》（*Fundamentals of Ethics*），乔治敦大学出版社 1983 年版（Georgetown University Press，1983），第 21—22 页。一种更进一步的方法论评注可能已经准备就绪。尽管所有类型的内在善，即所有类型的人类基本善拥有价值是很明显的，但是对于它们的反思性阐明却能够且应当是批判性的，即收集在经验、实践和制度中遗留下来的事物，以证明上述形式的善是可被认知的，以及证明这些形式的善的要点，以便驳斥那些怀疑和反对这一阐明的意见。因为某些主张本身所具有的自证性并不能够排除对于他们的理性辩护；人们以一种辩证的方式为某一主张进行辩护，即通过将它与其他知识联系在一起，并表明对于它的否定必然会产生一些在理性上不可接受的后果。参见格里塞茨、波义耳和菲尼斯，“实践原则、道德真理与最终目的”（Practical Principles，Moral Truth and Ultimate Ends），载《美国法理学杂志》（*American J. Jurisprudence*）1987 年，第 32 卷，第 99—148 页，同时参见附在此篇文章后面的参考文献，第 148—151 页；罗伯特·乔治，“晚近对于自然法理论的批评”（Recent Criticism of Natural Law Theory），载《芝加哥大学法律评论》（1988），第 1371—1429 页。

③ 宗教信徒的共同体，在献身和服务中相互合作，这些合作是他们所认为的可被获取的真理所要求的，即一些关于意义、价值以及其他实在之最终渊源的真理，以及一些关于人类以何种方式才可与这种最终渊源和谐相处的真理。其他的人类共同体或是为了实现某一具体的目的或一系列目的（就像大学或医院），并且因此并不以一种开放的方式服务于他们的成员，或是拥有一个工具性的共同善而非基本的共同善。人们应当意识到联合（association）与协作（cooperation）——甚至在其趋向一些具体的和工具性的目的，而不是趋向基本的和内在的善的时候（例如，在商业企业中）——在其以一种核心的或非核心的形式体现友爱这一基本善的意义上不仅仅只具有一种工具性的价值。

因此，政治共同体　　可以被恰当地理解为是诸种合作形式中的一种合作形式，亦即是为了实现由自然法的第一原则确认的善而应当进行的合作——是一个服务于某种工具性的，而非基本的共同善的共同体。当然，政治共同体在其范围上是一种伟大的和神圣的善[①]："保障所有物质性的和其他非物质性的条件（包括各种合作形式），以便促进

---

① 亚里士多德，《尼各马可伦理学》（I,1:1094b9）。

和培育这一共同体中的每一个人都能够实现其自身的发展”[①](在每一种情形之下,每一个人实现其自身的发展都将包括——即在构成性的意义上包括——他们所从属的家庭、友爱和其他共同体的繁盛)。同时毫无疑问的是,它的恰当范围也包括对友爱、婚姻、家庭和宗教联合的规导,以及对所有那些与国家本身一样仅只具有工具性共同善(例如经济性的共同善)的组织和联合的规导。但是对这些联合的规导永远都不应当(例如在一些为了实现非工具性共同善而联合在一起的情形之下)——或仅仅只是例外(例如在工具性的联合的情形之下)——试图取代那些由个人自主发起的活动以及个人与个人之间形成的联合,以试图对其进行指导和管理。相反,政治共同体的目的必须仅只是履行一种所谓的辅助性的功能[即帮助,源于拉丁词“*subsidium*”(帮助)],而这正是12世纪早期的神学家们教授给欧洲政治家和20世纪90年代的条约起草者们的。这

---

① 菲尼斯,《自然法与自然权利》(*Natural Law and Natural Rights*),第147页。正如我在此书第160页中所指出的,对“政治共同体的共同善”的此种阐述非常类似于20世纪中叶早期法国的那些阿奎那评注者的阐述。第二次梵蒂冈大公会议(the Second Vatican Council)采用了相类似的阐述:例如,(政治共同体的共同善就是)“社会生活条件的总和,使得社会组织及其成员能够相对彻底地且快速地接近他们自身的完善”[《论教会在现代世界牧职宪章》(*Gaudium et Spes*)(1965),第26段;同时参见《人类尊严宣言》(*Dignitatis Humanae*),第6段]。

种辅助性的功能[1]包括：帮助一些个人和一些团体，使他们的行动符合于他们所选择的目的或所做之承诺，并且基于此，使其与政治共同体之共同善的其他方面保持一致——也就是保持其与那些在政治共同体的基本原理上相当复杂且具有深远影响的方面的一致性，以及保持其与那些在政治共同体对共同合作的要求上具有相当严格要求的方面的一致性。[2]

第二次梵蒂冈大公会议（1962 年至 1965 年间罗马天主教主教的盛大集会）在关于宗教自由的两个部分的论说中指出了政治共同善在根本意义上的工具性特征。此次会议将其关于宗教自由的论说视为是一种自然法（即“理性本身”）。[3] 该论说的第一部分包括：每一个人在宗教信仰和实践中拥有不受任何强制的权利。因为认识有关最终事实

---

① 参见菲尼斯，《自然法与自然权利》，第 146—147、159 页。

② 当然，政治共同体的共同善在政治体中拥有一些重要的要素，而这些要素几乎不能被政治体中的任何其他共同体所分享。例如，为了维护正义而对侵犯正当法律的人施以惩罚；对那些威胁到他人利益（特别是那些被确认为道德的或法律的权利的利益）的不公正的行为（包括各种疏忽）实行强制性的限制和约束，以及采取相应的强制性措施以弥补、赔偿和恢复因权利遭受侵犯而受到的损失；建立和维护一种尊重各种不同利益（直接的和即得的利益或长远的和可能的利益，即每个人在其占有中所获得的利益）的占有体系或财产权体系。政治共同善的上述这些要素是政治共同体所独有的，或专属于政治领袖（即政府）的职责，但是，这一事实绝不意味着这些要素就是人类的基本善，或者意味着政治共同善是某种本身不是工具性的善。

③ 《人类尊严宣言》，第 2 段。梵蒂冈会议认为它也是一种神圣启示。

(即这一会议简称为“宗教”)的真理,以及遵循这种认识到的真理并将其付诸实践是一种非常重要的善和一项非常基本的责任,而且达致这种“人类精神的善”[①]是一种内在的和不可替代的个人认同和良心决断,如果一个政府强制性地干涉人们对于真正的宗教信仰的追求,或强制性地干涉人们表达他们所认为是正确的信仰,那么该政府就会伤害这些人并且侵犯他们的尊严,即使政府的干涉是建立在正确的假设——即这些人对于宗教信仰的追求是随意而为的,或这种追求已经把他们带上一条错误的信仰之路,或者两者都是——的基础之上也是一样。根据这次会议,宗教活动“超越”了应当专属于政府的领域;政府只应关注世俗的共同善,它所扮演的只能是一种辅助性的功能,即承认和培养其公民的宗教生活;但是,政府没有责任或权利指导宗教活动,如果政府妄自行事的话,就“超越了他们恰当的权限范围”。[②]

此次会议第二个部分的论说关注的是恰当地限制宗教自由,也就是说,基于如下三项要求而对宗教自由施加限

① 这是一种在《人类尊严宣言》中提到的人类之善,参见《人类尊严宣言》,第1段。

② “因而,既然国家权力本身的目的在于关心世俗的共同善,它就必须认识和促进公民的宗教生活;但是,如果国家权力开始去指导或者阻碍宗教行为,那必须说,它就越过了自己的界限”(《人类尊严宣言》,第3段)。

制:一是有效地保护所有公民的权利以及保护他们的和平生活,二是在真正的正义中充分地考虑一种本真性的公共和平,以便保障一种秩序良好的共同生活;三是适当地维持公共道德。上述这三项要求是共同善的基本构成部分,且归属于公共秩序的观念。[①]

在此,同样地,政治共同善还是被视为是工具性的善,即旨在保护人权与法律权利,公共和平与公共道德——换言之,其旨在维护一种更容易促进德性的社会环境。在此,在准确的意义上,政府并不被视为是为了促进德性和抑制恶习,尽管德性(和恶习)对于每一个个体的福祉(或福祉的反面)和个人相互间的联合(或其反面)而言具有最高的和构成性的重要性。

梵蒂冈大公会议所提出的自然法理论是否是正确的?或者我们是否应当遵循阿奎那在《论君王之治》(*On Princely Government*)这篇文章中所做的这样一个简要的论说:政府应当对所有能够促使人们趋向他们的最终(天国的)目的的事物发号施令,禁止所有那些使他们偏离这一目的的事物,并且强制性地阻止人们的恶行和强制性地诱导人们去做道

---

① 《人类尊严宣言》,第7段。

德上正直的行为。[1] 对上述这种论说最具说服力的简要阐述是否可能仍然是亚里士多德对智者理论[像吕哥弗隆(Lycophron)的理论一样]的批判?这些智者认为,国家纯粹只是一种相互间为了保障安全的制度安排。[2] 但是,至少在两个非常重要的方面,亚里士多德(以及跟随他的那个传统)把事情看得太过简单了。

第一,如果政治共同体的对象、目的或共同善事实上是一种"自给自主的生活",并且如果自给自主的生活(*autarcheia*)

① 《君王论》(c. 14)[政府应纠正人民的不义,并培养他们的德性(... *ab iniquitate coerceat et ad opera virtuosa inducat*)]。阿奎那在他的其他著作中对这一论题作了限定,尽管没有完全抛弃它。因此,在《神学大全》(I—II q. 104 a. 5c)中,阿奎那教导说:人类的政府不拥有针对人类心灵以及人类意志之内在动机的任何权威。在《神学大全》(I—II q. 96 a. 2)中,阿奎那又教导说:政府应当渐进地追求德性,并且不应当过多苛求普通的公民(即那些不拥有德性的人)。

② ……城邦之产生并不是为了生活,而是为了好的生活……并且……城邦的目的不(仅仅)是通过军事联合以保护城邦……并且它的存在也不(仅仅)是为了贸易和商业交往……任何真正意义上而不是字面上的城邦必须把德性/卓越性作为它的目的(*periaretes epimeles einai*)。不然,一个城邦就会沦落为纯粹的联合,仅仅只在空间的大小上区别于其他形式的联合,在此之中,成员之间只会以相互隔阂的方式生活在一起。同样地,法律也会沦为一种纯粹的社会契约(syntheke)——或用智者吕哥弗隆的话来讲的话,就是"监护人们相互之间之正义的人"——而不是它所应当成为的那种法律,即作为一种使公民成为善的和正义的公民的意志……一个城邦并不仅仅是分享一个共同的地方,以便防止相互间的侵犯和维护商品的交换。这些都是城邦存在的必要前提条件……但是一个城邦是各个家族(以及邻人间)为了生活得更好而联合在一起的共同体(*koinonia*),他们的目的是为了一种完善的和自给自主的(*autarkous*)生活……因此城邦的存在必须是为了真正善(kalon)的行动,而不仅仅只是为了生活在一起……亚里士多德,《政治学》(III. 5:1280a32, a35, 128067—13, b30—31, b34, 1281al—4)。

事实上如亚里士多德所定义的那样是"一种不缺乏任何东西的生活，一种完满的生活"，[①]那么我们必须说，政治共同体拥有一个它不可能达致的目的，即一个完全超出其范围的共同善。继此之后的哲学反思已经从亚里士多德自己摇摆不定的有关幸福（并且因此是关于自给自主的生活）的各种不同观念中确认这样一种怀疑：即怀疑"整体人类完满"（integral human fulfillment）——（从原则上讲）就是所有人类在所有共同体中的完满——不可能在任何一个缺少天国（即不是一个为独立的理性所能够设想的共同体，而是一个只能通过神圣启示才可能被设想的共同体，并且仅只能通过超自然的神圣恩典才能被达致）的共同体中获得实现。不可否认，"整体人类完满"能够成为且应当成为自然法的道德理论的核心观念，并且因此也是自然法的政治理论的核心观念。没有任何东西能比"整体人类完满"（即所有人都实现所有的人类基本善）更能符合理性对于人类善（人们能够通过行动参与其中的人类善）的认知，以及意志对于人类善的旨趣。因此，一种合理的道德第一原则必然是：在自主地追求人类善，并且避免所有与其相违背的事物的过程

① 亚里士多德，《尼各马可伦理学》（I，7：1097b）。顺便地讲，这与马塞多所谓的"一个自给自主的人"存在较大差异，马塞多（Stephen Macedo），《自由主义美德》（*Liberal Virtues*），牛津大学出版社1990年版，第215—217页。

中,人们应当选择和意欲,且仅仅只能选择和意欲那些与"整体人类完满"相一致的"可能性"。说"不道德"是由激情(passions)束缚理性构成的,就等于是说"不道德"是由情感(feelings)通过使人趋向一些偏离"整体人类完满"的目的,从而来支配理性构成的。因此,这种理想的共同体是善良意志所趋向的最基本的理念,但与早先那些尚未完全成熟的自然法理论(诸如亚里士多德的理论)所持的观点不同,这种理想的共同体却不是政治共同体。

第二,当亚里士多德讲"使"人们变善时,他一直[①]都用"制作"(*poiesis*)这一词语,而制作这个词是相对于"实践"(*praxis*)而言的,并且从属于支配事物的技术(技艺)。但是,帮助公民作出符合于"整体人类完满"的选择和行动必须包含某种超出技艺或技术之外的东西。因为只有行动着的人才能够通过他们自己的选择而使他们自己变成良善的人(或恶人)。这并不是说他们的生活应当是一种个人主义式的生活,或能够成为一种个人主义式的生活;相反,他们的审慎考量活动以及选择活动都必然为以下一些因素所塑造、所促进或为其所阻碍:即他们所处之文化的语言,他们

---

① 除刚刚所引用的段落之外,可再参见亚里士多德,《尼各马可伦理学》(I,10:1099632;II,1:1103b4;X,9:1180624)。

的家庭、朋友、他们的伙伴和敌人,他们所处共同体的习惯,他们所处之国家的法律,以及超出他们祖国之外的诸多种类的人类影响痕迹。他们的选择将使他们与所有那些共同体的其他人处于一种正当的或非正当的、宽宏大量的或非自由的、报复性的或宽仁性的关系之中。并且作为所有这些共同体中的成员,他们有责任鼓励他们的同伴实施道德上良善的行为,并阻止他们实施道德上邪恶的行为。

诚然,政治共同体是一种承当某些独特任务的联合:即通过强制来保护共同体中的所有个人和合法的组织,并维护某种经济的和文化的环境,在此环境之中,共同体中的所有成员和组织都能够追求适合于他们自己的善。政治共同体的此种共同善使其成为一种不仅仅只是防止相互侵害和保护物品交换的制度安排。但是,如下两种主张是两件不同的事情,一种主张认为:正如理性所要求的,政治共同体的基本原理要求其公共的管理结构——国家——(1)应当审慎且公开地确认、鼓励、促进和支持真正重要的事物(包括道德德性);(2)应当审慎且公开地确认、劝阻和阻止有害的和恶的事物;(3)并且应当通过其刑事的制裁和惩罚以及其他法律措施与政策来帮助人们(作为家长而承担的责任)教育他们的孩子和年轻人培养德性、祛除恶习。而另一种主张则认为:政治共同体的基本原理要求或授权国家通过将那些甚至是“私人性的和两相情愿的成人的恶行”视为是可受惩罚的行为(因为侵犯了国家的法律),从而将人们引向德性,避免恶习。[①] 这里存在一种合理的和重要的原则上的区分,而美国联邦最高法院在从1965年的格里斯伍德诉康纳蒂特案(*Griswold v. Connecticut*,381 *US* 479)(配偶对于避孕物品的使用)一直到1970年的艾森斯塔特诉巴德案(*Eisenstadt v. Baird*,405 *US* 438)(给未结婚的人公开发放避孕物品)都忽视了这一区分。[②] 如果法院基于任何一种同时要求法律宽容这样一些行为——即为同性恋服务做广告或进行推销,为同性恋活动提供度假旅游的地方,或通过教育或公共媒体促进同性恋者的“生活方式”,或承认同性恋“婚姻”,或允许同性恋者们收养孩子,诸如此类的行为——的理由而取消那些把成人间的鸡奸视为是违法行

---

① 因此亚里士多德将事情看得太过简单的第三种方式是:从支持政府有责任帮助或代替父母直接对孩子进行管教的观点转而支持另一种观点,即主张政府的此种责任将贯穿(并且以相同的直接强制的方式)人的一生,因为大多数人遵守法律并不是因为有效的论证而是因为必然性,并且也不是因为察觉到遵守法律是真正有价值的,而是因为害怕惩罚,参见亚里士多德,《尼各马可伦理学》(X.9:1180al—3)。

② 适用于格里斯伍德的法律是一种禁止使用避孕物品(甚至是已经结婚的夫妻)的法律;格里斯伍德确信他所拥有的使用避孕物品的权利在此案件之中因违背实体性法律而变得没有效力。与上述这一情形完全不同的是,在原则上可能会存在一种法律来直接禁止格里斯伍德的行为,因为他公开传播和推销避孕物品。如果美国宪法不能承认这种区别,它将表明它需要一种合理的原则。

为的法律的话,上述这种区分的合理性和相关性可能会被再次忽视。[①]

四

正如我在开头所讲的,根据"自由"或"非自由"("保守—反保守"或"社会主义—非社会主义的"或"资本主义—反资本主义")的方式来构造我们的政治理论的方法是错误的。政治理论中那些富有成效的探讨所追问和争论的是:具体的原则、规范、制度、法律和实践活动是否是"合理的""正确的""好的""理性的……正派的""正义的""公平的",以及"是否与自由相一致",诸如此类——而不是追问和争论它们是否是自由主义的(liberal)或是否与自由主义相符。[②] 然而,许多将他们自己的思想命名为自由主义的人

① 之所以将同性恋行为判定为道德恶的理由,参见菲尼斯,"法律、道德和'性倾向'"(Law, Morality and "Sexual Orientation"),载《圣母大学法律评论》(*Notre Dame Law Review*),1994 年。

② 以后种方式构设的研究在变化不定的政治运动中可能会使那些可能成为理论家的人陷入困境,这些政治运动(自"自由主义的"这一术语于 1830 开始被使用于政治中算起的一系列运动)事实上可能并不具有共同的意义,并且作为"运动",并没有任何一种原则来确定一种核心意义的核心情形。处理根据自由主义(自由主义的政治制度,等等)而构设的哲学主张的唯一合理的方式就是将他们视为修饰"合理的""真实的""正义的"等诸如此类的词语的代码;因此,人们应将其翻译为相应的词语,以便根据论证本身的优劣来考察他们的观点。

所设定的政府权力的界限往往都超出我在上文中所划定的那些范围。因此如此这般的追问可能是有益的:即那些界限是否蕴涵着一种“有限政府观念”;对此,自然法理论可能忽视了它,甚或错误地对其予以反对。一种观点认为政府不能根据以下理由来限制自由:亦即政府认为某一个人所具有的有关善或正当的观念优先于另一个人所具有的有关善或正当的观念。罗尔斯后期就采纳了这种观点,他认为这就是一种接近正义的、现代的、宪政民主制度(正如他认为我们这个国家也是其中之一)所应采纳的观点。但是同样的,后期罗尔斯却没有主张他的理论是真实的、有效的或合理的;相反,他的后期理论是被作为这样一种理论提出来的:即这种理论通过在某些宪法原则的基础之上维持或生成一种“重叠共识”来恰如其分地保持各代之间的稳定和社会的统一性。[①](罗尔斯认为)主张他的理论(或他提出的那些原则)的有效性或真实性,可能会破坏多元主义状态以及(其他自由主义者所认为的)“中立性”,并且可能会从政治理论和实践的领域中划入到善的私人观念领域之中——即从行动的公共理性转变为行动的私人理性。另一方面,德

---

① 对于罗尔斯的阐释性探讨,参见拉兹,“面对多样性:以认识论的多样性为例”(Facing Diversity: The Case of Epistemic Diversity),载《哲学与公共事务》(*Philosophy & Public Affairs*),1990 年,第 19 卷(3—46 页),第 12 页。

沃金已经声称,要求政府在“善的观念”与“坏的生活方式”之间保持中立是一种正确的政治原理的应有内涵,即每一个人都有权利得到平等的关注和尊重。

罗尔斯拒绝为这些原理提供任何进一步的证明,该做法已经招致拉兹[①]以及其他人[②]的批评。在我看来,最核心的问题在于:任何像罗尔斯这样的立场都假设或预设了一种站不住脚的区分,即在行动的“公共理由”与“私人理由”之间所作之区分。因为与罗尔斯一样,该立场必然会承认在一个人的私人考量活动中(与公共的考量不同),一个人可能且无疑应当以一种好的或坏的生活观念,即一种他自己认为是正确的观念为动机。显然,这一区分是没有任何依据的。因为每一个政治行动者都是单个的人,或至少——在集体(如国家、公司、团队)的社会行动中——不可能脱离集体的领导者或其他成员的个人行为而单独存在。每一个人选择实施某一政治行动的理由必须是这样一些理由,或至少是建立在这样一些理由的基础之上:即这些理由就这个人而言是最终的或基本的理由(而不必进一步要求

---

① 参见拉兹,“面对多样性:以认识论的多样性为例”,载《哲学与公共事务》,1990 年,第 19 卷,第 12 页的注释 37[此文同时也有效地批判了托马斯·内格尔(Thomas Nagel)相类似的观点]。

② 马塞多,《自由主义美德》,第 53、55、60—64 页。

某种以理性为动机的理由，并且因此是证明行动之正当性的理由）；并且这些理由必须与行动者的其他行动理由或行动原则相一致。因为一个人的公共行动同时也是一个人的私人行动——它们是一个人的唯一真实的生活的一部分。一个人参与一个“政治”行动必须不仅仅与他关于“善的和正派的生活”的观念保持逻辑上的一致性；他事实上必须以那个观念为理性的动机（这一观念毕竟是他关于什么是好的行动理由的观念）。因此一个人的行动的“公共理由”必须同时也是他的私人理由（尽管这并不意味着他的所有行动理由都需要“被转化为公共的”）。此外，政治行动经常会对行动者和其他人产生巨大的影响；因为除非公共理由能够证明行动的正当性，不然它们就不是好的（恰当的）理由——即在行动者行动的时候证明其正当性。如果假设政治行动是所有那些“基于在公共意义上无法予以争辩的理由（私人的理念）而实施的行动”，那么这就等于是说政治秩序应当拒绝为其参与者提供任何他之所以参与政治秩序的好的（恰当的）理由，或拒绝为其参与者提供任何他之所以要承认公民之义务的好的（恰当的）理由。

那么，德沃金试图从“平等的关注和尊重原则”中推导出一种对于中立性的限制又如何呢？基于这样一种理由——即便是真心诚意地来践行好的观念，但其所实施的行为实质上却是不好的观念——而限制人们的行动可能反映了一种平等价值意识和人类尊严意识(而不是蔑视)。他们的违法行为可能仅仅只是建立在一个被严重地错误设想的判断的基础之上,以及建立在他们贬低人类的价值和尊严——包括他们自己以及他人(即那些可能被诱导参与或模仿别人去贬低他人的人)的人格价值和人格尊严——的基础之上。人们不应当在任何人类的话语和实践领域中将如下两者等同起来:一种是那些作出错误判断的人以及根据这些错误判断而行动的人,另一种是那些蔑视其他人的人,或喜欢那些分享其判断的人。[①] 1980 年之后,德沃金修改了他的论证。他认为,无论何时,只要是根据公民们不能够接受(不必放弃他们关于平等价值的意识)的论证来对他们施加限制或让他们作出牺牲,关注和尊重的平等性就受到了侵害。因为"对于一个有自尊的人,当他相信以某种特定的方式来生活对他而言是最有价值的时候,他绝对不会接受他的这种生活方式是劣等的或被人所蔑视"。[②] 但是这种论证与他的先辈们的论证一样,都是无力的。禁止人们自己喜欢的行动并不要求他们"接受一种论证"。如果他们

---

① 参见菲尼斯,《自然法与自然权利》,第 221—223 页的注释 22。

② 德沃金,《原则问题》(*A Matter of Principle*),哈佛大学出版社 1985 年版,(Harvard University Press,1985),第 206 页。

接受了这种论证(即法律建立在其之上的论证),那么他们可能会承认他们之前的那些行动确实是没有价值的,或者如果在此之前他们一直都承认这一点,但却保留了他们的嗜好,那么这就等于承认他们是心口不一的。

人们往往会对他们先前的行为和观点感到懊悔,因此,人们不应将人格和作为人类而具有的价值等同于他们当前关于人类善的观念。总而言之,那些被法律剥夺了嗜好的人可能会去接受关于人类价值的概念(即法律建立在其之上的概念),也可能不会去接受。如果他们接受了这种概念,那么这并没有侵害他们的自尊;他们认识到先前他们是错的,且乐意人们通过强制对其进行改造(例如吸毒上瘾者)。如果他们不接受法律的观点,法律也不会影响他们的自尊;他们会(无论是正确地还是错误地)认为法律在其关于什么对他们而言是善的观念的问题上存在受人鄙视的且会带来严重不利后果的错误。他们可能会极度地怨恨法律。但他们没有确切想到的是:一种以无一例外地关注每一个人的善、价值和尊严为动机的法律并没有平等地对待他们。[①] 德沃金试图推进这种论证。在罗伯特·乔治的一

① 参见菲尼斯,"自我义务的法律强制:康德 vs. 新康德主义者",载《哥伦比亚法律评论》,1987 年,第 87 卷,第 433、437—438 页。

本新出版的优秀著作《使人成为有德之人:公民自由与公共道德》(*Making Men Moral: Civil Liberties and Public Morality*)中,我们可以发现罗伯特·乔治谨慎、公允且明确果断地总结和批评了德沃金试图推进的论证。[①]

现在我再探讨一种新近出现的比罗尔斯和德沃金的观点更为谨慎的观点。斯蒂芬·马塞多(Stephen Macedo)反对这样一种观点:这种观点认为"自由主义的正义"(liberal justice)在关于人类善和生活方式的事情上是保持中立的。[②]但是政府不应当做任何不尊重其公民的事情,并且马塞多认为,尊重人格所要求的是:公民仅只受到那种可被公共证成的约束的限制。"国家仅只能根据很有限的一些理由才能正当地强制人们实施某些行动",[③]这些理由就是公共理由,"即所有那些应当能够被人们接受的理由"。[④]

上面所阐述的这种限制是自然法理论家非常乐意接受的。自然法理论就旨在阐明所有那些人们应当能够接受的行动理由,恰恰是因为这些行动理由是好的、有效的和合理

---

① 罗伯特·乔治,《使人成为有德之人:公民自由和公共道德》,牛津大学出版社1993年版,第83—109页。

② 马塞多,《自由主义美德》,第265页。

③ 马塞多,《自由主义美德》,第263页。

④ 马塞多,《自由主义美德》,第195页;比照第41页:"所有理性的人都应当能够接受的事物"。

的理由。但是马塞多(在此他追随罗尔斯)试图从不同角度来解释这种限制:……公共的道德证成……并不旨在确定什么是最好的理由,最好的理由仅仅只是这样一些理由之性质的一项功能:亦即这些理由并不考虑“可被广泛地理解”这样一些约束条件。[①]

这并不是要赤裸裸地诉诸多数人的统治。它试图成为一种实质性的原则,以便限制政府的行动,即使是在大多数人都支持这一行动的情形之下。因为这样一种支持有时并不是建立在“理性”的基础之上,而是建立在尊重传统或尊重未受到批判性检验的习俗的基础之上。在这样一种情形下,即使存在这样一个事实——即一个法律行动或其他的政府行动得到大多数人的支持,并且事实上有最好的理由的支持——如果支持这种行动的那些理由(尽管是合理的和真实的)包含“非常困难的推理形式”的话,马塞多所提出的那种限制也可能被超越,而那些符合法律的行动可能会被视为是没有被给予适当的尊重。[②] 对于政府行动的理性证成必须是一些人们都能够理解的理由。[③] 但是,他继续说

---

① 马塞多,《自由主义美德》,第50页。

② 马塞多,《自由主义美德》,第46页;同时也参见第48页:“相当精致和复杂的推理形式”;第63—64页:“太复杂以至于不能被广泛理解,或甚至不能够被理性的人所理解”。

③ 马塞多,《自由主义美德》,第43页。

到,在像阿奎那这样的自然法理论中,或格里塞茨、波义耳、菲尼斯、乔治以及其他一些人的新自然法理论中,在"第一原则"与"具体的道德规范"(例如,我们在"十诫"中所找到的那些规范)之间存在一条鸿沟,这是一个逻辑空间,对此,我们必须通过某些推论来填补这一空缺,其中某些推论"要求一种智慧或理智能力",而这种智慧或理智能力却根本"不可能在所有人那里找到,甚至在大多数人那里也很难找到"。①

因此,马塞多得出结论认为:即使自然法的相关部分是正确的,或即使那些对于自然法的推论(自然法的相关部分是建立在其之上的)是合理的,它们也都"超出了'大部分人'的理解能力的范围",因此它们不是法律的恰当基础。②

但是事实上,那些自然法理论家们都不认为"十诫"中的那些具体规范(或甚至是推演出这些规范的推论)超出了大部分人的能力范围,或者说它们是不可理解的,或它们不能够被大部分人所把握。马塞多在他的整部著作中都忽视

---

① 马塞多,《自由主义美德》,第212页;引自菲尼斯:"人格统一、性道德和父母责任"(Personal Integrity,Sexual Morality and Responsible Parenthood),载《个人与家庭研究杂志:人类》(*Rivista di Studi Sulla Personal E La Famiglia*: Anthropos)[现在的《人类》(*Anthropotes*)1,43(1985)],第52页,该说法引自阿奎那,《神学大全》(I—II q. 100 aa. 1c,11c)。

② 马塞多,《自由主义美德》,第212页。

了"先天形成的能力"(native capacity)与"后天形成的能力"(formed capacity)之间的区分,即忽视了"官能"(faculty)与"能力"(competence)之间的区分——亦即这样一个事实:我既有能力说冰岛语,同时,我也没有能力说冰岛语。在马塞多含蓄地引用阿奎那的著作且以其为论据的那些段落中,阿奎那告诉我们,"十诫"中的诫令只需稍微做点反思就可以从第一原则中推导出来,[①]并且甚至是平常人也能够推导出这些诫令并看到它们的要点,[②]虽然有些人也有可能会混淆这些诫令;[③]而其他一些可从"十诫"中推导出来的道德规范则只能被智慧的人所认识(*cognoscuntur*)[④],而其他那些不聪慧的人(与那些智慧的人不同)往往不愿花费精力去考虑相关的处境。[⑤] 因此,甚至是稍微瞥一下文本,也不会承认"十诫"中的道德原则是超出"可得到公共证成"以及"可

---

① 阿奎那,《神学大全》[I—II q. 100, a. 3c:"*modica consideratione.*"(略微的反思)]。

② 阿奎那,《神学大全》[I—II q. 100, a. 11c:"*quorum rationem statim quilibet, etiam popularis potest de facili videre.*"(对于它们的认识很容易被大部分具有通常智力的人所获得)]。

③ 阿奎那,《神学大全》[I—II q. 100, a. 11c:"*circa huiusmodi contingit judicium humanum perverti.*"(在有些情形中,人类判断可能会有所混淆)]。

④ 阿奎那,《神学大全》(I—II q. 100, a. 3c)。

⑤ 阿奎那,《神学大全》[I—II q. 100, a. 1c:"*quas considerare diligenter non est cuiuslibet sed sapientum.*"(需要对所有环境进行大量考察,并不是所有人都有此能力)]。

被公众理解"的范围之外。[1]

最后,我将探讨这样两个主要论题中的一个论题以作为我的结论,这两个论题都与马塞多所提出的那种限制相关。马塞多认为政府应当通过一种"原则上的妥协"来限制他们对于未出生的孩子的保护,这种"原则上的妥协"要求那些拥有最充足论据的人应当给那些提出相当有力论据的人作出一些让步。因为他说道:"堕胎争论的双方都有许多合理的论据……可以很容易地看出理性的人如何能够在这两个立场之间作出抉择……堕胎……似乎可归结为两组合理的论证之间的一种公平的最终的决断。"[2]

但是马塞多的观点错误地假设了一种辩证式的对称,而这种对称事实上是站不住脚的。因为如果更有力的论据是"我们所争论的堕胎所试图要杀害的是活着的人",那么即使相反的论据可能"非常有道理",但是这对于未出生的

---

① 无可否认,对于"十诫"中的任何一个规范,大部分人可能甚至都会混淆,正如(阿奎那所评注的)恺撒所遇见的那些日耳曼人在道德上甚至不知道什么是抢劫。阿奎那,《神学大全》,(I—II q. 94 a. 4c)。一种文化的习俗因自利和因放纵某种激情而形成的习惯,往往会使许多人不明白道德规范,同时也会因某些诱惑人的影像或因理智屈从于感性,从而偏离理性的推理。此外,什么是原则和什么是结论,以及它们之间是如何被联系在一起的问题,可能是超出许多人的反思习惯和阐述能力之外的,但是如果给予这些人以时间并训练其熟练的论辩技能,可能会使他们把握这些问题,达致反思和阐述的程度。

② 马塞多,《自由主义美德》,第 72 页。

小孩却极不公平,即企图杀害他们的权利是为了表明我们要去尊重以下这样一类人:他们认为"未出生的孩子并不拥有实在的存在、实在的本性以及实在的权利"。但是如果情形与之相反,那么,不去支持"自主性"或"自由"而是支持生命之保护(反对堕胎)就不是对母亲的有意伤害,而是扩大了限制"故意自残行动"的范围,而这种限制正是政府的首要义务和共同善的首要基础。因此在这里,并不存在任何对称,并且在此事中,政府的责任就是获得正确的答案。

事实上,对于一个专注于这些论据且不会因为支持这些论据的人数上的多少以及尊重提出这些论据的人而转变态度的政府,它将会发现,除了怀孕本身可能会威胁到母亲生命的那些例子之外,上述问题并不是一个最终难以定夺的问题。主张堕胎是合法的那些论证(不管多有道理)非常符合马塞多的描述:这些论证完全是建立在纯粹偏见基础之上的论证(在这个例子中就是使人们的癖好理性化)。我们不应当希望能够与他们所得出的结论(正如他所谈论的"种族主义"和"反犹主义")相妥协,相反,作为一个共同体,我们应当采取一种坚决和果断的处理方式。因为存在一些最为根本的事物,在此事物之中,"一种合理的政府理论"事实上是与那些不是建立在"真理"的基础之上,而是建立在"原则上的妥协"的基础之上的"限制"不相容的。

附录一

术语简释*

【按】菲尼斯的学说秉持亚里士多德—托马斯主义传统，其中诸多术语之含义都是在这个传统语境中来加以谈论的。但同时，他也在某些方面对它们有所改造。因此，我们可以看到，在他的表述中，在一些关键性术语的后面，很多时候都会附上拉丁文原文，有些关键性术语是不能用当代英语的通行用法来加以理解的，准确把握这些关键性术语对于我们理解菲尼斯的学说至为关键。下面我将仅就其中几个容易混淆的术语作一些预备性的澄清，以便读者在阅读文本时不致产生误解。

1. principle（原则）

我在这里统一将该词译为“原则”。拉丁原文为

---

* “术语简释”部分由本书编译者整理撰写。

“*principium*”。“原则”(principles)在新自然法学派中占有很重要的位置。正确地理解它们对于我们理解整个学派的学说具有很重要的意义。这里的原则指的是“实践理性的诸第一原则”。它们的主要功能是指引性(directiveness),亦即以理性的方式指引人们趋向基本善。所以它与我们通常所理解的“规则”(rule)、“原则”(principle)是不同的。古代伦理学和现代伦理学的一个根本性转变来自基督教神学引入的上帝立法观念。立法观念必然与义务观念紧密相连。由此,道德的首要任务不再被看成是德性或人的卓越性(excellence),而是服从命令,履行通过立法而设定的义务。这正是所谓的古代的“德性伦理学”(目的论)与现代的“规则伦理学”(义务论作为其中一种类型)之分野的根源。新自然法学试图通过这样一种指引人们趋向目的(基本善)的“原则”的实践哲学来调和其中的分野。在此,“原则”不再被看成是一种外在于人类实践活动本身的高高在上的东西,而是实践理性的构成活动本身。或者说,它是实践理性活动的一个起点(starting-point),即拉丁语所谓的“*principium*”。关于菲尼斯的“原则”一词的使用方式,可参见他在《自然法与自然权利》第3章第3节的评注中的说明。他引用了拉兹的说法,把“原则”看成是一种最终的价值或一种行动理由,而不是一种类似于规则的东西(the “rule”-like use)[John

Finnis, *Natural law and Natural Rights* (*Second Edition*), Oxford University Press,2011,pp.76-77.]。

2. practical reasonableness(实践理智能力/实践合理性)

"practical reasonableness"是菲尼斯自然法理论的一个核心词汇,尽管在其他新自然法理论家,比如格里塞茨那里,这个词汇很少被使用。在我们的中文语境中,这是一个很难译的术语。沈宗灵先生把它译为"实践理智性"(参见沈宗灵:《现代西方法理学》,北京大学出版社),台湾学者周明泉把它译为"实践可理性程度"(参见周明泉:"论 John Finnis 的新自然法理论与天主教社会理论融通之可能性",载《哲学与文化》)。就菲尼斯来讲,"practical reasonableness"就是拉丁语"*prudentia*"的现代英语译法。而后面这个拉丁词,我们通常将其译为"明智"或"审慎"。它是古代哲学所谓的四种基本德性之一。然而,就菲尼斯对于"prudentia"的理解而言,他赋予了这个词以更多的现代含义,尤其是将一种实践理性的意义注入了进去。在这个意义上,我们可以看到,"practical reasonableness"通常有这么两层基本含义:(1)它是人所禀赋的一种能力,其最基本的根源在于实践理性,这也是菲尼斯用"practical reasonableness",而不是直接用"*prudentia*"这个拉丁语,或者用以前人们(尤其是托马斯主义者)的通常译法“实践智慧”(practical wisdom)的原因。(2)它是在理性禀赋基础上逐渐“习养”而成的一种东西,它体现着实践理性向人类行为所提出的基本要求。正基于此,在这里,根据语境之不同,我作了相应的处理:当它所指的是一种德性的时候,我通常把它译为“实践理智能力”,而在它所指的是一种要求时,则通常把它译为“实践合理性”。不过,总体而言,我们在理解这个词在菲尼斯自然法理论中的含义时,有必要牢记如下两点:一是它是一种传统意义上的明智德性,亦即拥有一种对未知世界作出明智判断的能力,旨在应付这个纷繁复杂的世界;二是它代表了一种合乎理性的东西,而这个理性往往是带有一种整体的建筑式理性味道的实践理性能力。

3. *determinatio*(慎断)

“慎断”(*determinatio*)一词在新自然法学派的政治哲学和法律哲学中占据着极为重要的位置,尤其是在解释自然法和实在法的关系的时候,其含义是明智和审慎的决断(选择),即在各种好的方案之间选择一个方案以及从一般性的规则推演出(区别于“演绎”)具体的规则。所以,“慎断”是与实践理智能力紧密相关的。由此,罗伯特·乔治(菲尼斯的弟子,新自然法理论的代表人物之一)把其称为“一种实践理智的活动”(Robert George, *In Defence of Natural Law*, Oxford University Press, 1999, p. 108.),以区别于“演绎”。根据菲尼斯对于阿奎那的解读,从自然法到实在法的推论有两种方式,一是“演绎”,另一是“慎断”。后者可类比为一种建筑活动。“(阿奎那)根据‘建筑’这个类比来解释‘慎断’这个概念,在此,一般观念或形式必须被具体化为特定的房子、门、门锁,这些具体的规定显然是源出于一般理念并为其所型塑,但是很多具体的方面或多或少必然有所不同,所以必然需要建筑师本人的取舍。艺术品(的制作)受制于基本理念,但却并不完全受其规定”[John Finnis, *Natural Law and Natural Rights* (Second Edition), Oxford University Press, 2011, p. 284.]。

附录二

约翰·菲尼斯著述文献*

［按］菲尼斯著述甚丰，除几部专著之外，大部分著作都是以论文的形式出版的。2011 年他整理出版了他的 5 卷本论文集，收录了他的大部分重要论文。以下的菲尼斯著述文献是依出版年序进行整理的，其中论文部分有很多是尚未收入他的 5 卷论文集的，是其在此之后陆续写的一些文章。此次我一并整理出来以供对菲尼斯的法律理论和哲学思想感兴趣的学人作参考。

一、著作

1. *Natural Law and Natural Rights*（《自然法与自然权

---

* “约翰·菲尼斯著述文献”部分由本书编译者整理。

利》),Oxford University Press, Oxford and New York, 1980, 17th printing 2005.

2. *Fundamentals of Ethics*(《伦理学基础》),Clarendon Press, Oxford; Georgetown University Press, Washington DC, 1983.

3. *Nuclear Deterrence, Morality and Realism*(《核威慑、道德与实在论》),with Joseph Boyle and Germain Grisez, Clarendon Press, Oxford and New York, 1987.

4. *Moral Absolutes: Tradition, Revision and Truth*(《道德的绝对真理:传统、修正与真理》),Catholic University of America Press, Washington DC, 1991.

5. *Natural Law*(《自然法》),edited by John Finnis, vol. I & vol. II(卷1,卷2),International Library of Essays in Law and Legal Theory, Schools 1.1 & 1.2, New York University Press; Dartmouth Press: Aldershot, Hong Kong, Singapore, Sydney, 1991.

6. *Aquinas: Moral, Political, and Legal Theory*(《阿奎那:道德、政治与法律理论》),Oxford University Press, Oxford & New York, 1998.

7. *Natural Law and Natural Rights*(Second Edition)(《自然法与自然权利》)(第2版),Oxford University Press, 2011.

8. *Collected Essays of John Finnis*(《菲尼斯论文集》), Volumes I-V, Oxford University Press, 2011.

Volume I *Reason in Action*(第一卷《行动中的理性》)

Volume II *Intention and Identity*(第二卷《意向与认同》)

Volume III *Human Rights and Common Good*(第三卷《人权与共同善》)

Volume IV *Philosophy of Law*(第四卷《法哲学》)

Volume V *Religion and Public Reasons*(第五卷《宗教与公共理由》)

二、论文

1967 年

"Reason and Passion: the constitutional dialectic of free speech and obscenity"("理性与激情:言论自由和秽言的构成辩证法"), 116 *U Pa L Rev*, pp. 222-243 (1967).

"Blackstone's Theoretical Intentions"("布莱克斯通的理论意图"), 12 *Natural Law Forum*, pp. 163-183(1967).

"Constitutional Law"("宪法"), annual contributions to *Annual Survey of Commonwealth Law* for 1967-1975 (Butterworth and Oxford University Press, 1968-1977).

1968 年

“Natural Law in Humanae vitae”（“《人类生命》中的自然法”）(1968)，84 *Law Quarterly Review*，pp. 467-471.

“Separation of Powers in the Australian Constitution”（“澳大利亚宪法中的分权”）(1968)，3 *Adel. L R.*，pp. 159-177.

1970 年

“Reason, Authority and Friendship in Law and Morals”（“法律和道德中的理性、权威和友谊”），Khanbai, Katz & Pineau (eds), *Jowett Papers 1968-1969* (Blackwell, Oxford, 1970)，pp. 101-124.

“Three Schemes of Regulation”（“堕胎和法律合理性”），Noonan (ed.), *The Morality of Abortion: legal and historical perspectives* (Harvard UP, 1970); also published as “Abortion and Legal Rationality”，(1970) 3 *Adelaide L Rev*，pp. 431-467.

“Natural Law and Unnatural Acts”（“自然法和不自然的行为”），*Heythrop* J 11 (1970)，pp. 365-387.

1971 年

“The Abortion Act: What has changed?”（“堕胎：什么发生了变化？”）[1971]，*Crim L Rev*，pp. 3-12.

“Revolutions and Continuity of Law”（“革命和法律的连续性”），Simpson (ed), *Oxford Essays in Jurisprudence: Second*

Series (Oxford UP,1971),pp. 44-76.

1972 年

"Some Professorial Fallacies about Rights"("有关权利的某些固有谬误")(1972),4 *Adelaide L Rev*,pp. 377-388.

"The Value of the Human Person"("人的价值"),*Twentieth Century* [*Australia*] 27 (1972),pp. 126-137.

"Bentham et le droit naturel classique"("边沁与古典自然法"),*Arch. Phil. Droit 17* (1972),pp. 423-427.

"The Restoration of Retribution"("报应论的复归"),*Analysis* 32 (1972),pp. 131-135.

1973 年

"The Rights and Wrongs of Abortion: a reply to Judith Jarvis Thomson"("堕胎的权利和堕胎的不法性"),*Phil. & Pub. Aff.* 2 (1973),pp. 117-145.

1977 年

"Scepticism,Self-refutation and the Good of Truth"("怀疑论、自我否定和真理之善"),P. M. Hacker& J. Raz (eds),*Law,Morality and Society: Essays in honour of H. L. A. Hart* (Oxford UP,1977),pp. 247-267.

1978 年

"Catholic Social Teaching: Populorum Progressio and

After"("天主教社会学说:《民族发展》及其后"),*Church Alert* (*SODEPAX Newsletter*) *19* (*1978*), pp. 2-9; also in Schall (ed), *Liberation Theology in Latin America* (Ignatius Press, San Francisco, 1982).

"Conscience, Infallibility and Contraception"("良知、无误性和节育"), *The Month* 239 (1978), pp. 410-417; also in *Int Rev Nat Fam Planning* 4 (1980), pp. 128-140; also in Santamaria and Billings (eds), *Human Love and Human Life* (Polding Press, Melbourne, 1979).

1979 年

"Catholic Faith and the World Order: Reflections on E. R. Norman"("天教主信仰和世界秩序:E. R. 诺曼之反思"), *Clergy Rev* 64(1979), pp. 309-318.

1982 年

"The Fundamental Themes of Laborem Exercens"("《论人的工作》中的基本论题"), in Proc Fifth Convention (1982) of Fellowship of Catholic Scholars (Northeast Books, Scranton, 1983), pp. 19-31.

"The Basic Principles of Natural Law: a reply to Ralph McInerny"("自然法的基本原则:回应拉尔夫·麦金纳尼") (with Germain Grisez), 26 *Am J Juris*, pp. 21-31 (1982).

"Natural Law and the 'Is'-'Ought' Question: an Invitation to Professor Veatch"("自然法与'实然'—'应然'问题:回应维希教授"),26 *Cath. Lawyer*, pp. 266-277(1982).

1983 年

"The Responsibilities of the United Kingdom Parliament and Government under the Australian constitution"("澳大利亚宪法之下英国议会和英国政府的责任")(1983),9 *Adelaide L Rev*, pp. 91-107.

1984 年

"Reforming the Expanded External Affairs Power"("扩大化的外事权力之改革"), in Report of the External Affairs Subcommittee to the Standing Committee of the Australian Constitutional Convention (September 1984), pp. 43-51.

"IVF and the Catholic Tradition"("试管婴儿和天主教传统"), *The Month* 246 (1984), pp. 55-58.

"Practical Reasoning, Human Goods and the End of Man"("实践推理、人类善和人之目的"), *Proc Am Cath Phil Ass* 58 (1984) 23-36; also in *New Blackfriars* 66(1985), pp. 438-451.

"The Authority of Law in the Predicament of Contemporary Social Theory"("当代社会理论困境中的法律权威"), *J Law, Eth & Pub Policy* 1 (1984), pp. 115-137.

1985 年

"On 'The Critical Legal Studies Movement'"("论'批判法学运动'"),30 *Am J Juris*, pp. 21-42(1985); also in Bell and Eekelaar (eds), *Oxford Essays in Jurisprudence*: *Third Series* (Oxford UP, 1987), pp. 145-165.

"Morality and the Ministry of Defence"("道德和国防部")(rev), *The Tablet*, 3 August 1985, pp. 804-805.

"Personal Integrity, Sexual Morality and Responsible Parenthood"("人的统一性、性道德和父母责任"), *Anthropos* [now *Anthropotes*] 1985/1, 43-55; reprinted in Janet E. Smith (ed.), *Why Humanae Vitae was Right*: *A Reader* (Ignatius Press, San Francisco, 1993), pp. 173-191.

"On 'Positivism' and 'Legal-Rational Authority'"("论'实证主义'和'法律—理性权威'")3 (1985), *Oxford J Leg St*, pp. 74-90.

"A Bill of Rights for Britain? The Moral of Contemporary Jurisprudence"("英国的权利法案? 当代法理学的道德规范")(Maccabaean Lecture in Jurisprudence), *Proc. Brit. Acad* 71 (1985), pp. 303-331.

1986 年

"The Laws of God, the Laws of Man and Reverence for

Human Life"（"上帝法、人法和对人类生命的敬重"），Hittinger（ed），*Linking the Human Life Issues*（Regnery Books，Chicago，1986），pp. 59-98.

"On Positivism and the Foundations of Legal Authority"（"论实证主义和法律权威的基础"），Gavison（ed），*Issues in Legal Philosophy*：*the Influence of H. L. A. Hart*（Oxford UP，Oxford and New York，1986），pp. 62-75.

"The 'Natural Law Tradition'"（"自然法传统"）36（1986），*J Leg Ed*，pp. 492-495.

1987 年

"The Act of the Person"（"人的行动"），Persona Veritá e Morale，atti del Congresso Internazionale di Teologia Morale，Rome 1986（Cittá Nuova Editrice，Rome，1987），pp. 159-175.

"Legal Enforcement of Duties to Oneself：Kant v. Neo-Kantians"（"自我义务的法律强制：康德 vs. 新康德主义者"），*Columbia L Rev* 87（1987），pp. 433-456.

"Natural Inclinations and Natural Rights：Deriving 'Ought' from 'Is' according to Aquinas"（"自然倾向和自然法：据阿奎那思想而从'实然'到'应然'的推演"），Elders and Hedwig（eds），*Lex et Libertas*：*Freedom and Law according to St Thomas Aquinas*（Studi Tomistici 30，Libreria Editrice Vaticana，1987）， pp. 43-55.

"Practical Principles, Moral Truth, and Ultimate Ends"("实践原则、道德真理与最终目的")(G. Grisez, J. Boyle & John Finnis), *American Journal of Jurisprudence* 32 (1987), pp. 99-151 (also in *Natural Law* vol. 1, ed. Finnis).

"On Reason and Authority in Law's Empire"("《法律帝国》中的理性与权威"), *Law and Phil* 6 (1987), pp. 357-380.

1988 年

"'Faith and Morals': A Note"("信仰与道德:一个评注"), *The Month* 21/2 (1988), pp. 563-567.

"The Consistent Ethic: a Philosophical Critique"("融贯的伦理标准:一个哲学批判"), Fuechtmann (ed), *Consistent Ethic of Life* (Sheed & Ward, Kansas, 1988), pp. 140-181.

"Absolute Moral Norms: Their Ground, Force and Permanence"("绝对道德规范:基础、力量和恒久性"), *Anthropotes* 1988/2, pp. 287-303.

"Nuclear Deterrence, Christian Conscience, and the End of Christendom"("核威慑、基督教良知和基督教世界的目的"), *New Oxford Rev* [Berkeley, California] July-August 1988, pp. 6-16.

1989 年

"Nuclear Deterrence and Christian Vocation"("核威慑和基督使命"),*New Blackfriars* 70 (1989),pp. 380-387.

"On Creation and Ethics"("论创世和伦理学"),*Anthropotes* 1989/2,pp. 197-206.

"Persons and their Associations"("人及其联合"),*Proc Aristotelian Soc*,Supp. Vol 63 (1989),pp. 267-274.

"Law as Coordination"("法律之为协作"),*Ratio Iuris* 2 (1989),pp. 97-104.

1990 年

"Aristotle,Aquinas and moral absolutes"("亚里士多德、阿奎那和道德的绝对真理"),Catholica: *International Quarterly Selection* no. 12 (1990),pp. 7-15;"Aristóteles,Santo Tomás y los Absolutos Morales"(trans. Carlos I Massini-Correas),*Persona y Derecho* 28 (1993),pp. 9-26.

"Incoherence and Consequentialism (or Proportionalism) - A Rejoinder"["不融贯和后果主义(或比例主义)"](Joseph Boyle,Germain Grisez and J. Finnis),*American Cath. Phil. Q.* 64 (1990),pp. 271-277.

"The Natural Moral Law and Faith"("自然的道德法和信仰"),in Russell E. Smith (ed.),*The Twenty-fifth Anniversary of*

Vatican II:A Look Back and a Look Ahead, Proceedings of the Ninth Bishops' Workshop, Dallas, Texas (Pope John Center, Braintree, Massachusetts, 1990), pp. 223-238.

"Allocating Risks and Suffering: Some Hidden Traps" ("风险和负担之分配:一些陷阱"), *Cleveland State Law Review* 38 (1990), pp. 193-207.

1991 年

"Object and Intention in Moral Judgments according to St. Thomas Aquinas" ("阿奎那有关道德判断中的目的和意图的论说"), *The Thomist* 55 (1991), pp. 1-27; slightly revised version in J. Follon and J. McEvoy (eds.), *Finalité et Intentionnalité: Doctrine Thomiste et Perspectives Modernes*, *Bibliothèque Philosophique de Louvain* No. 35 (*J. Vrin*, *Paris*, 1992), pp. 127-148.

"Intention and Side-effects" ("意图和附带效果"), in R. G. Frey and Christopher W. Morris (eds.), *Liability and Responsibility: essays in law and morals* (Cambridge U. P., 1991), pp. 32-64.

"Introduction", *Natural Law*, vol I[《自然法》(卷一)"导论"] (International Library of Essays in Law and Legal Theory, Schools 1.1) (NY University P., Dartmouth, 1991), pp. xi-xxiii.

"Introduction", *Natural Law*, vol II [《自然法》(卷二)"导论"] (International Library of Essays in Law and Legal Theory, Schools 1. 2) (Dartmouth: Aldershot, Sydney, 1991), pp. xi-xvi.

1992 年

"On the Grace of Humility: A New Theological Reflection" ("论谦卑:一种新的神学反思"), *The Allen Review* no. 7 (1992), pp. 4-7.

"Economics, justice and the value of life: concluding remarks" ("经济学、正义和生命的价值"), in Luke Gormally (ed.), *Economics and the dependent elderly: Autonomy, justice and quality of care* (Cambridge U. P., 1992), pp. 189-198.

"The Legal Status of the Unborn Baby" ("胎儿的法律地位"), *Catholic Medical Quarterly* 43 (1992), pp. 5-11.

"Natural Law and Legal Reasoning" ("自然法和法律推理"), in Robert P. George (ed.), *Natural Law Theory: Contemporary Essays* (Oxford Univ. P., Oxford, 1992), pp. 134-157.

"Historical Consciousness" and Theological Foundations ("'历史意识'和神学基础"), Etienne Gilson Lecture No. 15, *Pontifical Institute of Mediaeval Studies*, Toronto, 1992.

1993 年

“Abortion and Health Care Ethics”(“堕胎和卫生保健伦理学”), in Raanan Gillon (ed.), *Principles of Health Care Ethics* (John Wiley, Chichester, 1993), pp. 547-557.

“Reason, Relativism and Christian Ethics”(“理性、相对主义和基督教伦理学”), *Anthropotes* 1993/2, pp. 211-230.

1994 年

“‘Living Will’ Legislation”(“有关‘生存意志’的立法”), in Luke Gormally (ed.), Euthanasia, *Clinical Practice and the Law*(Linacre Centre for Health Care Ethics, London, 1994), pp. 167-176.

“Law, Morality, and ‘Sexual Orientation’”(“法律、道德和‘性倾向’”), *Notre Dame L. Rev.* 69 (1994), pp. 1049-1076; with additions, *Notre Dame J. Law, Ethics & Public Policy* 9 (1995), pp. 11-39.

“Liberalism and Natural Law Theory”(“自由主义和自然法理论”), *Mercer Law Review* 45 (1994), pp. 687-704.

“On Conditional Intentions and Preparatory Intentions” (“论有条件意图和预备意图”), in Luke Gormally (ed.), *Moral Truth and Moral Tradition: Essays in honour of Peter Geach and Elizabeth Anscombe* (Four Courts Press, Dublin,

1994),pp. 163-176.

"Theology and the Four Principles: A Roman Catholic View I"("神学和四原则:一种罗马天主教的观点")(John Finnis and Anthony Fisher OP), in Raanan Gillon (ed.), *Principles of Health Care Ethics*(John Wiley, Chichester, 1994), pp. 31-44.

"Negative moral precepts protect the dignity of the human person"("旨在保护人之尊严的否定性道德律令")(with Germain Grisez), *L'Osservatore Romano*, English ed. 23 February 1994.

"Beyond the Encyclical"("超越教皇通谕"), *The Tablet* 8 January 1994, reprinted in John Wilkins (ed.), *Understanding Veritatis Splendor* (SPCK, London, 1994), pp. 69-76.

"Indissolubility, Divorce and Holy Communion"("恒久性、离婚和圣餐仪式")(with Germain Grisez and William E. May), *New Blackfriars* 75 (June 1994), pp. 321-330; "Lettre ouverte...au sujet de l'admission à la communion eucharistique des divorcés 'remariés'", *Catholica* no. 44 (1994), pp. 59-70.

1995 年

"Intention in Tort Law"("侵权法中的意图"), in David Owen (ed.), *Philosophical Foundations of Tort Law* (Oxford U. P., 1995), pp. 229-248.

"A Philosophical Case against Euthanasia"("反对安乐死的哲学论据"),"The Fragile Case for Euthanasia: A Reply to John Harris", and "Misunderstanding the Case against Euthanasia: Response to Harris's first Reply" in John Keown (ed.), *Euthanasia: Ethical, Legal and Clinical Perspectives* (Cambridge U. P.,1995), pp. 23-35, 46-55, 62-71.

"History of Philosophy of Law"("法哲学史")(pp. 465-468),"Problems in the Philosophy of Law"("法哲学中的诸问题")(pp. 468-472),"Austin"("奥斯丁")(p. 67),"defeasible"("可废止性")(p. 181),"Dworkin"("德沃金")(pp. 209-210),"Grotius"("格劳修斯")(p. 328),"Hart"("哈特")(p. 334),"legal positivism"("法律实证主义")(pp. 476-477),"legal realism"("法律现实主义")(p. 477),"natural law"("自然法")(pp. 606-607),"Natural Rights"("自然权利")(p. 607), in Ted Honderich (ed.), *Oxford Companion to Philosophy* (Oxford U. P. 1995).

1996 年

"The Ethics of War and Peace in the Catholic Natural Law Tradition"("天主教自然法传统中的战争与和平的伦理"), in Terry Nardin (ed.), *The Ethics of War and Peace* (Princeton University Press, 1996), pp. 15-39.

"Is Natural Law Theory Compatible with Limited Government?"("自然法理论与有限政府是否可以兼容?"), in Robert P. George (ed.), *Natural Law, Liberalism, and Morality* (Oxford U. P. 1996), pp. 1-26.

"Loi naturelle"("自然法"), in Monique Canto-Sperber (ed.), *Dictionnaire de Philosophie Morale* (Presses Universitaires de France, Paris, 1996), pp. 862-868.

"Unjust Laws in a Democratic Society: Some Philosophical and Theological Reflections"("民主社会中的恶法:哲学和神学的反思"), *Notre Dame Law Review* 71 (1996), pp. 595-604.

1997 年

"Law, Morality and 'Sexual Orientation'"("法律、道德和'性倾向'"), in John Corvino (ed.), *Same Sex: Debating the Ethics, Science, and Culture of Homosexuality* (Lanham-Boulder-New York-London, Rowman and Littlefield 1997), pp. 31-43.

"The Good of Marriage and the Morality of Sexual Relations: Some Philosophical and Historical Observations"("婚姻之善和性关系的道德规范"), *The American Journal of Jurisprudence* 42 (*1997*), pp. 97-134.

"Commensuration and Public Reason"("兼容性和公共理

性”), in Ruth Chang (ed.), *Incommensurability, Comparability and Practical Reasoning* (Harvard U. P. 1997), pp. 215-233, 285-289.

“Natural Law - Positive Law”(“自然法与实在法”), in A. Lopez Trujillo, I. Herranz and E. Sgreccia (eds.) “*Evangelium Vitae*” *and Law*: *Acta Symposii Internationalis in Civitate Vaticana celebrati*, pp. 23-25 maii 1996 (Vatican, Libreria Editrice Vatican 1997), pp. 199-209.

1998 年

“Public Good: The Specifically Political Common Good in Aquinas”(“公共善:阿奎那思想中的政治共同善”), in Robert P George (ed.), *Natural Law and Moral Inquiry* (Washington DC, Georgetown University Press 1998), pp. 174-209.

“On the Practical Meaning of Secularism”(“世俗主义的实践意义”), *Notre Dame L. Rev.* 73 (1998), pp. 491-515.

“Natural Law”(“自然法”), in Edward Craig (cd.), *Encyclopaedia of Philosophy* volume 6 (London, Routledge 1998), pp. 685-690.

“Public Reason, Abortion and Cloning”(“公共理性、堕胎和克隆”), *Valparaiso Univ. L. R.* 32 (1998), pp. 361-382.

“Euthanasia, Morality and Law”(“安乐死、道德和法

律”),*Loyola of Los Angeles L. Rev.* 31 (1998),pp. 1123-1145.

1999 年

“The Truth in Legal Positivism”(“法律实证主义中的真理”),in Robert P. George (ed.), *The Autonomy of Law: Essays on Legal Positivism* (Clarendon Press, Oxford, 1996), pp. 195-214.

“What is the Common Good,and Why does it concern the Client's Lawyer?”(“什么是共同善,为什么它关涉当事人的律师?”),*South Texas Law Review* 40 (1999),pp. 41-53.

“Natural Law and the Ethics of Discourse”(“自然法和话语伦理学”), *The American Journal of Jurisprudence* 43 (1999),pp. 53-73.

“The Catholic Church and public policy debates in Western liberal societies: the basis and limits of intellectual engagement”(“西方自由社会中的公共政策论争和天主教教会:理智活动的基础和界限”), in Luke Gormally (ed.), *Issues for a Catholic Bioethic* (London,The Linacre Centre,1999), pp. 261-273.

2000 年

“The Priority of Persons”(“人的优先性”), in Jeremy Horder (ed.), *Oxford Essays in Jurisprudence, Fourth Series*

(Oxford, Oxford Univ. P., 2000), pp. 1-15.

"Abortion, Natural Law and Public Reason"("堕胎、自然法和公共理性"), in Robert P George and Christopher Wolfe (eds.), *Natural Law and Public Reason* (Washington DC, Georgetown University Press, 2000), pp. 71-105.

"Some Fundamental Evils of Generating Human Embryos by Cloning"("通过克隆制造人类胚胎的根本性恶"), in Cosimo Marco Mazzoni (ed.), *Etica della Ricerca Biologica* (Florence, Leo S. Olschki Editore, 2000), pp. 115-123. Also in C. M. Mazzoni (ed.), *Ethics and Law in Biological Research* (Kluwer, 2002), pp. 99-106.

"Retribution: Punishment's Formative Aim"("报应:惩罚的根本目的"), *The American Journal of Jurisprudence* 44 (2000), pp. 91-103.

"On the Incoherence of Legal Positivism"("法律实证主义的不融贯性"), *Notre Dame Law Review* 75 (2000), pp. 1597-1611.

2001年

"'Direct' and 'Indirect': A Reply to Critics of Our Action Theory"("'直接'和'间接':对我们行动理论之批判的回应")(with Germain Grisez and Joseph Boyle), *The*

Thomist 65 (2001), pp. 1-44.

2002 年

"Natural Law: The Classical Tradition"("自然法:古典传统"), in Jules Coleman and Scott Shapiro, *The Oxford Handbook of Jurisprudence and Philosophy of Law* (Oxford University Press, March 2002), pp. 1-60.

"Aquinas on jus and Hart on Rights: A Response"("阿奎那论正当和哈特论权利:一个回应"), *Review of Politics* 64 (2002), pp. 407-410.

2003 年

"Law and What I Truly Should Decide"("法律和我真正应当如何抉择"), *American Journal of Jurisprudence* 48 (2003), pp. 107-130.

"Secularism, Morality and Politics"("世俗主义、道德和政治"), *L'Osservatore Romano*, English ed. 29 January 2003, p. 9。

"Saint Thomas More and the Crisis in Faith and Morals"("托马斯·莫尔和信仰与道德中的危机"), *The Priest* 7/1 (2003), pp. 10-15, 29-30.

"Nature and Natural Law in Contemporary Philosophical and Theological Debates: Some Observations"("当代哲学和神

学论争中的自然和自然法"),in Juan de Dios Vial Correa and Elio Sgreccia (eds.), *The Nature & Dignity of the Human Person as the Foundation of the Right to Life*:*Proceedings of the Eighth Assembly of the Pontifical Academy for Life* (Libreria Editrice Vaticana,2003),pp. 81-109.

2004 年

"Helping Enact Unjust Laws without Complicity in Injustice"("帮助通过恶法而不至于与不义共谋"),*American Journal of Jurisprudence* 49 (2004/5),pp. 11-42.

2005 年

"'The Thing I am': Personal Identity in Aquinas and Shakespeare"("'我之所是':阿奎那和莎士比亚思想中的个人认同"), *Social Philosophy & Policy* 22 (2005), pp. 250-282;also in Ellen Frankel Paul, Fred. D. Miller & Jeffrey Paul (eds.),*Personal Identity* (Cambridge & New York, Cambridge U. P,2005),pp. 250-282.

"On 'Public Reason'"("论'公共理性'"),in *O Racji Pulicznej Ius et Lex*,*Warsaw*,2005,pp. 7-30 (Polish translation), pp. 33-56 (English original).

"Restricting Legalised Abortion is not Intrinsically Unjust" ("限制合法化的堕胎不是内在不正当的"),in Helen Watt (ed.), *Cooperation, Complicity & Conscience: Proceedings of an International Conference: Problems in healthcare, science, law and public policy* (London: Linacre Centre, 2005), pp. 209-245.

"Foundations of Practical Reason Revisited"("实践理性的基础之再考察"), *American Journal of Jurisprudence* 50 (2005), pp. 109-132.

"Aquinas' Moral, Political and Legal Philosophy"("阿奎那的道德、政治与法律哲学"), *Stanford Encyclopedia of Philosophy* (2005): http://plato.stanford.edu/entries/aquinasmoral-political/.

2006 年

"Religion and State: Some Main Issues and Sources"("宗教与国家:主要问题和渊源"), *American Journal of Jurisprudence* 51 (2006), pp. 107-130.

2007 年

"Nationality, Alienage and Constitutional Principle"("民族性、外国人身份和宪法原则"), *Law Quarterly Review* 123 (July 2007), pp. 417-445.

"Natural Law Theories of Law"("法律的自然法理论"), *Stanford Encyclopedia of Philosophy* (2007).

"Universality, Personal and Social Identity, and Law"("普

遍性、个人和社会认同以及法律”), keynote address, proceedings of (Third) Congresso Sul-Americano de Filosofia do Direito and (Sixth) Colóquio Sul-Americano de Realismo Jurídico, Porto Alegre, Brazil, 4 October 2007.

“On Hart's Ways: Law as Reason and as Fact” (“哈特的路径：法律之为理由和事实”), *American Journal of Jurisprudence* 52 (2007), pp. 25-53.

2008 年

“Grounds of Law & Legal Theory: A Response” (“法律的基础和法律理论：一个回应”), *Legal Theory* 13 (2008), pp. 315-344.

“Common Law Constraints: Whose Common Good Counts?” (“普通法约束：谁的共同善是重要的?”) (5,300 words), Cambridge Centre for Public Law Conference, January 2008.

“Discriminating between Faiths: A Case of Extreme Speech?” (“在各种信仰之间进行区辨：极端言论之论据?”), in Hare and McNeil (eds.), *Extreme Speech and Democracy* (Cambridge University Press 2008).

“Marriage: A Basic and Exigent Good” (“婚姻：一种基本和迫切的善”), *The Monist* 2008.

“Why Religious Liberty is a Special, Important and

Limited Right"("宗教自由为什么是一种特殊的、重要的和有限度的权利"),keynote address at Witherspoon Institute and Templeton Foundation Conference on Religious Liberty, Princeton University, 30 October 2008.

"Reason, Revelation, Universality and Particularity in Ethics"("理性、启示、伦理学中的普遍性和特殊性"), *American Journal of Jurisprudence* 53 (2008), pp. 23-48; also in Hayden Ramsay (ed.), *Truth & Faith in Ethics* (Exeter: Imprint Academic, 2011), pp. 222-250.

2009 年

"H. L. A. Hart: A Twentieth-Century Oxford Political Philosopher"("哈特:二十世纪牛津政治哲学家"), *Oxford Legal Studies Research Paper*, No. 30/2009.

"Does Free Exercise of Religion Deserve Constitutional Mention?"("宗教的自由践行是否值得宪法关注"), *American Journal of Jurisprudence*, 54 (2009), pp. 41-66.

"Review Essay: [Anscombe's *Essays*]"("评安瑟尔谟的《论文集》"), *National Catholic Bioethics Quarterly* 9 (2009), pp. 199-207.

"Telling the Truth about God and Man in a Pluralist Society: Economy or Explication?"("在一个多元主义社会中

谈论有关上帝和人的真理:经济学或解析?"),in Christopher Wolfe (ed.), *The Naked Public Square Reconsidered: Religion and Politics in the Twenty-First Century* (Wilmington, DE: ISI Books, 2009) (July 2009), pp. 103-115, 195-200.

"Discriminating between Religions: Some Thoughts on Reading Greenawalt's *Religion and the Constitution: Establishment & Fairness*"("在各种宗教之间进行区辨:有关格林诺瓦特的《宗教和宪法》的一些思考"), *Constitutional Commentary* 25 (2009), pp. 265-271.

2010 年

"Law as Idea, Ideal and Duty: A Comment on Simmonds, *Law as a Moral Idea*"("法律之为理念、理想和义务:评西蒙德斯的《法律之为一种道德理念》"), *Jurisprudence* 1 (2010), pp. 247-253.

2011 年

"Invoking the Principle of Legality against the Rule of Law"("援引合法律性原则以对抗法治"), in Richard Ekins (ed.), *Modern Challenges to the Rule of Law* (Wellington, LexisNexis, 2011), pp. 129-142; also in *New Zealand Law Review* [2010], pp. 601-616 (April 2011).

"Equality and Differences"("平等与差异"), *American*

Journal of Jurisprudence 56 (2011), pp. 17-44.

"Exceptionalism and Exceptionless Moral Norms in *Measure for Measure*"("《量罪记》中的例外论和无例外的道德规范"), *Journal of Law, Philosophy & Culture* 4/1 (2010 [=2011]).

2012 年

"Social Virtues and the Common Good"("社会德性和共同善"), in the *Truth about God, and Its Relevance for a Good Life in Society: Proceedings of the XI Plenary Session of the Pontifical Academy of St Thomas Aquinas*, 17-19 June 2011 (Vatican City, 2012), pp. 96-106.

"Natural Law Theory: Its Past and Its Present"("自然法理论:过去和现在"), *Routledge Companion to Philosophy of Law* (ed. Andrei Marmor) (Routledge, May 2012), pp. 16-30; also in *American Journal of Jurisprudence* 57 (2012), pp. 81-101.

"Coexisting normative orders? Yes, but No"("各种共存的规范秩序?是抑或不是"), *American J. Jurisprudence* 57 (2012), pp. 111-117.

"What is Legal Philosophy"("什么是法律哲学"), in *Rivista di Filosofia del Diritto* 1(2012), pp. 67-78.

2014 年

“Law as Fact and as Reason for Action: A Response to Robert Alexy on Law’s ‘Ideal Dimension’”(“作为事实和行动理由的法律:回应阿列克西有关法之‘理想面向’的论述”),*American Journal of Jurisprudence*,59(2014).

附录三

菲尼斯的新古典自然法理论:基本意图和路径

吴彦　著

一、引言

施特劳斯(Leo Strauss)曾说“自然法在过去很多个世纪中一直是西方政治思想的根基,而在我们这个时代,除了罗马天主教徒之外几乎所有的人都起来反对它”。[①] 与施特劳斯同时流亡美国的海因里希·罗门(Heinrich A. Rommen)也表达了相似的看法,并试图通过拯救形而上学来复兴自

---

① Leo Strauss, *Studies in Platonic Political Philosophy*, The University of Chicago Press, 1983, p. 137.

然法。[①] 然而，自休谟与康德以来，形而上学的合法地位已经从根本上被摧毁了。且自古典时代以来，由于自然法与形而上学（或者说某种本体论）一直都紧密地联系在一起，因此，在形而上学遭遇实证主义和历史主义的攻击之后，自然法也开始衰微。从自然法的历史渊源上看，自然法不仅只是一种有关政治和法律的理论，它同时也是一种道德理论。自然法所表达的是一种普遍且永恒的价值观念。自然法的衰微在一定意义上体现了现代性语境下道德的基本困境：人们已很难就一种普遍的道德达成一致的看法。因此，在我们这个时代，我们所面临的问题是，在后形而上学时代，一种表达普遍且永恒价值的自然法是否可能？菲尼斯所面对的就是这样一个问题。他试图在抛弃形而上学支撑的前提下重新为自然法寻找新的论证根据。

约翰·菲尼斯1940年生于澳大利亚，1962年进入牛津大学攻读博士学位，在导师哈特（H. L. A. Hart）的指导下完成博士论文《司法权的观念》。[②] 哈特这位当代英美分析法理学的鼻祖对于菲尼斯的思想产生了极大的影响。然而菲

---

① Heinrich A. Rommen, *The Natural Law: A Study in Legal and Social History and Philosophy*, translated by Thomas R. Hanley, Liberty Fund, 1998.

② D. Phil 1965, on "The Idea of Judicial Power, with special reference to Australian federal constitutional law"; supervisor H. L. A. Hart.

尼斯并未局限于哈特的思想框架，而是从其导师的娴熟的描述方法的内部寻找到了一条突破法律实证主义的门径。[①] 1980 年菲尼斯发表了他第一部同时也是他最重要的一部法律与政治哲学著作《自然法与自然权利》（*Natural Law and Natural Rights*）。[②] 这本书引发了来自各方的普遍争论，同时也宣告他与其导师立场之间的根本差异。单从书名我们即可看出，菲尼斯试图综合在传统学者看来是截然不同的两个传统，一个是由（古典）自然法所代表的理性主义传统

---

① 从《自然法与自然权利》第一章的标题“评价与法律的描述”即可看出，菲尼斯驳斥哈特式的描述法理学的途径就是要从其描述方法本身的批评开始，或者说从其方法本身所预设的东西中找到突破此种方法的途径。这是菲尼斯惯常使用的方法，例如，他对于基本善的证立也正是沿袭此种方法。在菲尼斯看来，描述方法对于其所描述对象的选择的标准本身是无意识的，也就是说它预设了选择描述对象的标准，而这样的标准本身（或者说那个根据这个标准而进行描述的“理想对象”）就是描述方法所预设的一个理想的价值目标。因此，“如果一个理论家不参与到对社会事实的评价——即了解什么事物真正有益于人类，以及了解什么事物是实践理智能力所真正要求的——之中，他就不可能对社会事实进行一种理论性的描述和分析”（John Finnis, *Natural Law and Natural Rights*, Oxford University Press, 1980, p. 3），因此，描述法理学必然预设了某种规范性的东西，而这些东西正是法律这种社会制度所要去维持、保护和促进的价值目标。

② 此书原是哈特的“命题作文”。菲尼斯在哈特门下于 1965 年获得博士学位并在美国加州逗留一年后回到牛津的时候，哈特要求他为他主编的“Clarendon Law Series”这个系列写作一部著作，并建议他以“自然法与自然权利”为题。而正是在这个时候，菲尼斯经由与格里塞茨的接触而了解到了一种新的理解自然法的路径，并开始大量阅读阿奎那的著作，由此在格里塞茨所开启的这条新的道路上开始了他自己的思考和构思。十二年后（1978 年），菲尼斯提交了该书的初稿，并最终于 1980 年出版了这部反响巨大的著作。

(intellectualism),另一个是由(现代)自然权利学说所代表的意志论传统(voluntarism)。[①] 这一由法国著名法学家米歇尔·维利(Michel Villey,1914—1988)所提出并极力维护的区分,自上世纪以来就一直成为大部分学者的共识。对此,菲尼斯不可能没有意识到,然而他却毅然放弃了这一区分,坚持认为在阿奎那的理性主义传统中既已存在现代的自然权利理论(并同时批驳所有以意志论为根基的政治和法律学说)。由此也引发了他与中世纪政治哲学的研究学者布莱恩·蒂尔尼(Brian Tierney)之间的一场关于"历史"问题的争论。[②] 如果我们撇开关于这一问题的论争,从另一侧面我们可以看到,菲尼斯之所以要打破这一有关古代—现代的分野,在根本意义上是为了将古典自然法理论从其所招致的根本性困境(即"实然"无法推导出"应然")中解脱出

---

① 菲尼斯的此种做法招致了诸多学者的批评,其中包括恩斯特·福廷(Ernst Fortin)、拉尔夫·麦金纳尼(Ralph McInerny)、理查德·塔克(Richard Tuck)等研习古典哲学和现代早期自然法理论和自然权利理论的学者。参见Ernst Fortin,"The New Rights Theory and the Natural Law", *The Review of Politics*, Vol. 44, No. 4. (Oct., 1982), pp. 590-612; Ralph McInerny, "Natural Law and Human Rights", *American Journal of Jurisprudence* 36 (1991), pp. 1-14; Richard Tuck, "Review: Natural Law and Natural Rights", *The Philosophical Quarterly*, Vol. 31, No. 124. (Jul., 1981), pp. 282-284。

② Brian Tierney, "Natural Law and Natural Rights: Old Problems and Recent Approaches", *The Review of Politics*, Vol. 64, No. 3. (Summer, 2002), pp. 389-406; John Finnis, "Aquinas on ius and Hart on Rights: A Response to Tierney", *The Review of Politics*, Vol. 64, No. 3. (Summer, 2002), pp. 407-410.

来,同时保留现代世界有关人类自由的基本确信,从而在一个更为坚实的基础上重建一种适合于我们这个时代的自然法理论。①

由此,我们可以看出,菲尼斯的整个重构规划至少需要面对这样两种在他看来必须要面对(批驳)的学说/理论:一是以形而上学为基础的托马斯主义自然法,其当代的主要代表是任教于美国圣母大学哲学系的拉尔夫·麦金纳尼②,他同时也是该校马里旦中心的主任。该派学说承继自托马斯主义传统,认为自然法的根基在于形而上学,或者说关于应然的道德判断必须在关于事物(人类)之本性的秩序中找

① 正是因为他与古典自然法理论之间的此种分歧,人们才通常把这派学说称为"新古典自然法理论"(New Classical Theory),或"新自然法理论"(New Natural Law Theory)。该学派的真正兴起可追溯至格里塞茨(Germain Grisez)1965年发表的那篇评论阿奎那的论文"实践理性的第一原则"("The First Principle of Practical Reason: A Commentary on the Summa Theologiae, I-2, Question 94, Article 2", *Natural Law Forum* 10(1965), pp. 168-201.)。该学派的代表人物除菲尼斯外,主要还有格里塞茨、波义耳以及菲尼斯的学生罗伯特·乔治(Robert George)。格里塞茨和波义耳二人都是神学家,其旨趣主要在于道德神学。1965年,菲尼斯在留住伯克利(Berkeley)期间结识了格里塞茨。格里塞茨当时正致力于为罗马天主教教会提供一个新的理论框架以便应对现代性困境。菲尼斯通过与他的交往而进一步把格里塞茨所提出的理论框架运用到政治和法律理论之中,从而将此种自然法理论发展成一种含括道德、政治与法律理论的整全性的实践哲学体系。

② 拉尔夫·麦金纳尼对于菲尼斯—格里塞茨学派的批评,参见 Ralph McInerny, "The Principles of Natural Law", *American Journal of Jurisprudence* 25 (1980), pp. 1-15; Ralph McInerny, "Natural Law and Human Rights", *American Journal of Jurisprudence* 36 (1991), pp. 1-14。

到其最终的基础。这是一种古老的前现代的思想。

菲尼斯所面对的第二个对手是现代意志论传统。该传统脱胎于中世纪后期邓斯·司各脱（Duns Scotus）和奥卡姆的威廉（William of Ockham）的神学意志论，而在霍布斯、洛克等诸多后继者那里发展成为一种独特的政治学说。他们试图将政治的合法性奠基在"意志"活动之上。此种特征在总体上规定了现代政治哲学的基本发展方向，一个方向是向个人意志论的自由主义推进，由于确信人的理性不能发现道德真理，甚或确信根本不存在道德真理，政治就开始逐渐从个人之道德判断的领域中脱身而出，把其"下降"到一个外在的、纯然的实践关系领域，通过强调"正当"之于"善"的优先性而达到一个逐渐"中立化"的结果。另一个基本方向则是向国家意志论推进，由于确信不存在任何先在或高级的法则，法律就不可能从任何高级法中获得合法性根据，法律只是国家意志的一个产物，并只能在国家意志中获得合法性根据。因此，是国家意志，而不是自然法成为实在法律的合法性根据，法律完全蜕变为一种不涉先在秩序/法则的东西，而成为意志的纯然创造。在菲尼斯看来，盛行于现代世界的法律实证主义的根基就在于这个传统。无论是以奥斯丁（John Austin）为代表的法律命令说（意志论的第二个方向），还是以哈特为代表的把法律的根据奠基在"承认"

(recognization)或“习俗”(conventions)等人类意见(opinions)之上的法律理论(意志论的第一个方向),从根本意义上说都是这一传统的不同变种。

二、自然法论证路向之转变——从形而上学到实践理性

因此,菲尼斯要重建自然法理论,他就必须在如上两条战线上同时作战。首先,他必须批驳那种承继自古典哲学传统的托马斯主义自然法。这种路向的自然法研究在罗马天主教中占据着绝对的支配地位,并且诸多在当代政治哲学中颇有影响和声望的学者也大多抱持此种研究路向,其中如雅克·马里旦(Jacques Maritain)、海因里希·罗门、耶夫·西蒙(Yves R. Simon)等。[①] 该派学说的基本方向就是

① 马里旦在此方面的主要著作是《人与国家》,这是他在“沃尔格林基础讲座”(Charles R. Walgreen Foundation Lectures)的基础上出版的一本专著,同时还有《人权与自然法》一书。罗门在此方面的主要著作则是他在德国时期撰写的《自然法的永恒复归》,后被译成英文《自然法》,参见 Heinrich A. Rommen, *The Natural Law: A Study in Legal and Social History and Philosophy*, translated by Thomas R. Hanley, Liberty Fund, 1998。耶夫·西蒙生前并未撰写以自然法为主题的著作,但他却开设了讨论自然法的课程,后来他的学生根据他的课堂讲义编辑出版了一本专著《自然法传统:一位哲学家的反思》,参见 Yves R. Simon, *The Tradition of Natural Law: A Philosopher's Reflections*, Fordham University Press, 1999。

试图通过重建形而上学以复兴自然法。因为在他们看来,自然法的衰败在根本意义上是作为其基础的形而上学衰落的结果,正如罗门所言:

> 自然法只有在诸学科的"皇后"——形而上学占支配地位的时期,才能被普遍接受。另一方面,在事物的本质及其本体论秩序被认为不可知晓的时候,即存在和应然、道德与法律是分离的时候,自然法就会衰败。一种不变的、恒久的、经典的自然法之首要前提是某种关于存在的知识,即关于事物的本质的知识的可能性;换言之,就是一种实在论的认识论或知识理论的可能性。在普芬道夫、康德等没有实在论的认识论的学者那里,"应然"的来源,即伦理学和自然法的原则,不是存在,而是某种冲动,或其他某些特殊属性,诸如合群性,或自由这一实践理性假设。因而,演绎理性将脱离实在的束缚,而始终沉溺于越来越空虚的理性主义……因此,只有基于关于事物之本质的真正知识,才有可能得到严格意义上的自然法,因为,这里有其本体论的支撑。[①]

---

① 参见 Heinrich A. Rommen, *The Natural Law: A Study in Legal and Social History and Philosophy*, translated by Thomas R. Hanley, Liberty Fund, 1998, pp. 141-143。

罗门的如上断言可谓道出了自然法衰败的根源，但同时也道出了复兴自然法的基本途径——复兴形而上学（或关于事物本质的学问）。对此，罗门这一代思想家与学者，无论是天主教信徒还是非天主教信徒，都付出了极大的心血。然而，在我们这个形而上学日渐衰败的时代，是否只有通过复兴形而上学或关于事物本质的学说才可能获得一种超越具体历史情景和背景的自然法？或许在罗门那一代学者看来，甚或在诸多天主教信徒看来，自然法的唯一合法根据就是形而上学。任何脱离形而上学基础的道德、政治与法律学说都将以不同的方式沦为自然法的对立面——相对主义（relativism）、惯例主义（conventionism）、实证主义（positivism）。对此，我们可以看出，在他们的整个学问体系中，自然法这种关于道德、政治与法律的学说，或者说关于"应然"的实践学说在根本意义上依赖于形而上学这种关于事物本性或关于"实然"的学说。因此，对他们而言，在形而上学与自然法之间建立联系的唯一方式就是要解决这样一个问题：如何从事物（人类）本性这个"实然"中推导出（人类行为的）"应然"。①

---

① 在处于古典传统的那些人看来，这可能并非是一个问题。无论是柏拉图传统还是亚里士多德传统，事物的本性在根本意义上都被归之于某种高于现存

然而,在菲尼斯看来,任何这样的推导都是不可能的。因为在整个事物秩序中,存在如下四类相互之间不可通约的秩序类型(irreducibly distinct kinds):一是自然秩序,二是思维秩序,三是行动秩序,四是技艺秩序。而这四种秩序分别对应四门学问:自然哲学(自然科学、形而上学、数学)、逻辑学、道德哲学与技艺学。[①]在菲尼斯看来,关于事物本性或

(接上页注释)

事物的东西——理念(idea)或形式(form),因此,一种完善的观念(perfection)被加之于所有经验事物之上。由此,在他们看来,现存的或经验的事物都将受到这种完善观念的支配,亦即受到事物最终所应当成为的那种东西的支配。因此,在人类事务秩序中,由这些完善观念所表达的"实然"必然能够蕴涵人类活动的"应当",即人类活动的终极目的。这种由目的秩序所构成的世界图景为人们提供了行为的价值标准。然而,世界历史进入现代历史之后,尤其是自然科学的发展,使人们对于宇宙的理解从有机的目的论观念转向机械论观念;与此同时,由基督教学说所促发的"有限性"观念逐渐占据哲学的核心,认识论的思考使人们开始质疑其对于事物本性的理解。洛克—休谟的经验主义传统以及由此传统所激发的康德批判哲学都在根本意义上摧毁了原先的形而上学确信。而与此相伴随的就是一个在此后支配着整个道德哲学思考的基本框架:"是"(is)与"应当"(ought)的区分。对于这个问题的回应产生了两个影响深远的对立学说:一是休谟式的功利主义/后果主义进路;另一个是康德式的义务论进路。菲尼斯的道德与政治哲学所接受的正是休谟与康德的这一基本预设,而其重建自然法之任务也正在于如何综合甚或超越这两种理论所设定的基本框架:后果主义/义务论。

① 菲尼斯把这一区分视为其整个哲学体系的方法论前提。也正是这一区分使其关于道德、政治与法律哲学的论述得以奠立在一个稳固的基础之上,且可以此批驳他人的观点,将其斥之为混淆了这些区分或者误置了其所应从属的秩序/学科类型:比如菲尼斯认为"法律现实主义"将法律哲学这一同时属于行动秩序与技艺秩序的学问还原为"自然科学",而"康德式的法律理论"则将其还原为"逻辑学",各种"实证主义"则将其还原为"技艺学",而"现代自然法"则将其完全化约为"伦理学"。参见 John Finnis,"Natural Law:The Classical Tradition",*The Oxford Handbook of Jurisprudence and Philosophy of Law*,edited by Jules Coleman and Scott Shapiro,Oxford University Press,2002,p. 20。

人类本性的研究属于自然科学和哲学人类学的范畴，它们所解决的是“实然”的问题；而关于人类应当如何行动的研究则属于道德哲学的范畴，它所解决的是“应然”的问题。因此，我们必须在行动秩序中而不是在事物秩序（人类本性）中寻找解决应然问题的答案。在菲尼斯看来，人类行动总是为了某个目的。因此我们也只能通过研究这些目的来理解人类行动，并以此为人类行动寻找应然的法则和根据。

正是在这一点上，菲尼斯碰到了他的第二个对手——现代意志论。这种理论为上述这个问题提供了一个极具说服力且影响深远的方案：人类的目的是由人类的意志活动（willing）所最终确立的。正是某个人对于某个对象的意欲（will）确立了这个对象作为人之目的的地位，而理性的任务则在于寻找有效的达到或实现这个目的的方式或手段。也就是说，现代意志论在抛开以人类本性为“应然”奠基之后，寻找到了另一个基础，亦即人类意志（欲求）活动。在菲尼斯看来，人们对于某个对象的欲求，如果不同时通过某种理性活动而将此确立为一种欲求的话，那么这种欲求活动无异于一种应激性的反应，这与动物对于食物产生欲望是一样的。因此，任何确切意义上的人类行动都必须具有一种自发性，用菲尼斯的话说就是“自由选择”（free choice）。这种自由选择的核心活动就是：将某种事物确立为行动的理由。也就是说,就确切意义上的人类行动而言,人们总是通过某种反思性的意识活动而将某个对象确立为目的,也正是这一反思性的活动而使其与动物性的应激活动区分开来。这一反思性的活动就是实践理性活动(practical reasoning)。

正是在此意义上,菲尼斯接受了康德对于所有类似休谟式的意志论的批判,认为"应然"的基础必须在实践理性中寻找,而不能在人类非理性的意志/欲求活动中寻找。欲望的对象尽管可以为人类行动提供动机,但这种动机却仅仅只是一种感性的动机(emotional motive),它同时必须通过人类的反思性活动而被确认为是一种真正值得去追求的对象。由此,人类行动才真正可被视为是人类的行动而不是动物性行动。这里的根本性差异就是人类拥有一种理性能力,即通过说服他自身或为他自身提供行动之理由从而再去行动。正是在这一意义上,菲尼斯基本沿袭了康德实践哲学的理论进路,也就是说,从实践理性出发为道德寻找根基。

三、基本善:从等级到平等——有限的价值多元论

尽管菲尼斯对康德多有批评,并且在诸多方面不同于康德及其追随者的观点,但是在道德哲学的基础这个问题

上,却与康德及其追随者站在了同一条战线上。① 也就是说,在传统道德理论瓦解后所建立起的两种主要传统(功利主义与义务论)中,菲尼斯站在了康德的一边。② 或者说,在菲尼斯看来,在抛开形而上学(本体论)的支撑后,道德的根基只能在一种理性能力中寻找(康德),而不能从一种非理性的欲望中寻找(休谟)。正是在这一意义上,有些学者也把其理论称为一种实践合理性的自然法理论(the natural law

---

① 对于康德本人观点的批评,参见 John Finnis,"Natural Law:The Classical Tradition",*The Oxford Handbook of Jurisprudence and Philosophy of Law*, edited by Jules Coleman and Scott Shapiro, Oxford University Press, 2002, p. 7, p. 20;菲尼斯认为康德在很大程度上仍受制于洛克和休谟关于人类动机的假设,从而无法认识到实质性的第一原则,即行动的基本理由,也正是在此意义上,康德只能求助于"逻辑的融贯性"(即把普遍的道德法则还原为一种逻辑上的一致性);对于当代诸多康德主义者[如罗尔斯、科尔斯戈德]的批评,参见 John Finnis,"On 'Public Reason'", in *O Racji Pulicznej* Ius et Lex, Warsaw, 2005, pp. 7-30;"Liberalism and Natural Law Theory", *Mercer Law Review* 45 (1994), pp. 687-704(包括对于罗尔斯的批评);John Finnis,"Foundations of Practical Reason Revisited", *American Journal of Jurisprudence* 50 (2005), pp. 109-132(包括对于科尔斯戈德关于规范性来源以及实践理性观点的批评)。

② 在神学上,菲尼斯、格里塞茨等人的论战对象就是当时神学中的比例主义(proportionalism),而在道德哲学中,其论战对象就是后果主义(consequentialism),参见 Germain Grisez,"Against Consequentialism", *American Journal of Jurisprudence* 23 (1978), pp. 21-72;John Finnis, *Fundamentals of Ethics*, Oxford University Press, 1983, pp. 80-106。诸多论者已经指出,菲尼斯—格里塞茨学派与康德主义的紧密关联,正如亨利·维奇(Henry Veatch)所言"尽管牌是格里塞茨的牌,但其声音却是康德的声音"(引自 Robert George, *In Defense of Natural Law*, Oxford: Clarendon Press, 1999, p. 61)。希丁格尔(Hittnger)也对此论题进行了非常有意思的探讨,参见 Russell Hittnger, *A Critique of The New Natural Law Theory*, University of Notre Dame Press, 1987, pp. 27-30。

theory of practical rationality/reasonableness)。

然而,尽管菲尼斯接受康德所开启的这一现代道德传统有关实践理性能力的判断,但是在确定实践理性与道德基础的具体关系时,却分道扬镳。按照康德式的道德哲学进路,道德的基础存在于实践理性活动本身之中,实践理性的自我立法(self-legislation)成为道德的基本原则。[①] 而在菲尼斯式的道德哲学中,道德的基础则存在于实践理性活动所最终证立的对象之中。在此,不是实践理性的"自我立法"而是实践理性的"领悟/确认"能力发挥着更为重要的作用,也就是说,实践理性"领悟"(grasp)到一种善并把其证立(affirm)为一种最终的善。[②] 菲尼斯把实践理性所最终证立的这些对象称为"基本善"(basic goods),或者称为行动的基

---

① 对于这一问题的精彩探讨,参见 Christine Korsgaard, *The Sources of Normativity*, Cambridge University Press, 1996。中译本见科尔斯戈德,《规范性的来源》,杨顺利译,上海译文出版社 2010 年版。

② 在新自然法学派的这些论者看来,康德式道德哲学的最根本的问题在于他拒绝将道德建立在一种人类福祉(human well-being)之考量的基础之上,由此使得道德规范在最终意义上没有落脚点。因此,在新自然法论者看来,如果把人类福祉视为道德规范之可理解性的最终基础,并且如果我们要确立道德的客观性的话,那么就必然需要某种关于人类善的实质性的知识。参见 Robert George, *In Defense of Natural Law*, Oxford: Clarendon Press, 1999, p. 61。

本理由(basic reasons)。[①] 因此,菲尼斯在康德道德哲学的基本进路上引入了"目的"的概念,即人类行动所要试图实现的目的。正是在此意义上,菲尼斯把他的道德/实践哲学称为既是"目的论的",也是"义务论的"。[②] 由此,通过引入"基本善"的概念,菲尼斯试图重新寻找回那个在休谟、康德哲学的批判之下而渐趋衰落的古典道德哲学。也就是说,他必须通过一种新的论证策略来论证古典道德哲学所确立的某些基本道德原则(自然法)的正当性。

---

① 从这两个词的等同式的使用中我们即可非常明白地看出他们是如何看待"实践理性"和"善"这两者的。这也在另一个层面上(即客观性的确立上)显现出他们的理论与康德理论的差异。尽管这两种理论都试图确立某种道德的客观性,从而克服道德怀疑论,然而他们看待"客观性"的方向是有差异的,而这种差异也正造成了他们二者之间的根本性不同。在康德哲学里面,客观性是由"必然—永恒"确立的,因此他把客观性理解为一种"非经验性"(即非时空性);而在菲尼斯的哲学里,客观性的东西(即基本善/行动的基本理由)就是人类实际/经验活动中"最终""被认可"的东西,或者说人类理性最终"都"认可的东西。也正是在这一意义上,他们理论的各自缺陷就表现出来:康德理论因为脱离了具体时空,因此往往会变成一种抽象的理论;而菲尼斯的理论因为要依赖于时空,进而在很大程度上要依赖于人类的某种"认可"以及某种所谓的"自明性"(self-evidence),因此往往无法得到普遍的确证,甚至被指责为"直觉主义"。正如希丁格尔(Russell Hittinger)所言,格里塞茨—菲尼斯在不诉诸思辨的自然哲学的前提下而试图确立人类善必将陷入某种直觉主义,从而使其关于基本善的论述很容易招致批评,参见 Russell Hittnger, *A Critique of The New Natural Law Theory*, University of Notre Dame Press, 1987, pp. 30-48。

② 参见 John Finnis, "Aquinas' Moral, Political and Legal Philosophy", *Stanford Encyclopedia of Philosophy* (2005)。

从菲尼斯的这一论证方向上,我们可以看得非常明白,他严格地遵循着现代道德哲学关于"实然"无法推导出"应然"的基本断言。然而,在他批判由此而产生的道德怀疑论的路途上他并没有走上康德的道路,而是另辟蹊径,走向了一条"实践理性—目的"的路径。而由此所造就的这种道德哲学在其结论上既改变了古典道德哲学的基本确信(从而更偏向于自由主义的道德),同时也严格限定了自由主义的"自由度",从而表现出诸多评论者在评论其学派时时常所附加的一个标签,即"保守主义"。

在古典道德哲学中,尤其是在阿奎那的哲学体系中,由于人类价值要素(伦理学)是从人类本性(形而上学)中推导出来的,同时由于形而上学是一个等级式的秩序,因此人类的价值体系往往是有等级的。也正是基于这种价值的等级制(Hierarchy),在古典哲学的视阈中,价值之间的冲突可以最终通过各种价值之间的位阶来加以解决。然而在菲尼斯的哲学体系中,尽管仍沿袭古典哲学尤其是亚里士多德关于"目的秩序"的论述,从而在一定意义上承认某些价值优先于另一些价值,然而在古典哲学视阈中那种被视为"最终目的"(final end)的东西却被菲尼斯消解掉了,从单数的目的(end)变成为复数的目的(ends)。[①] 正是这一转变,使菲尼斯抛弃了内含在古典哲学中的价值一元论,进而支持价值多元论。然而,因为菲尼斯是从古典哲学的(尤其是亚里士多德的)思考路向上来推进他的论证的,因此,尽管他支持目的/价值的多元性,但这个目的/价值仅仅只是意味着最终目的/价值的多元性,而不意味着所有目的/价值的多元性。在菲尼斯看来,有些目的仅仅只是达致另一些目的的手段,而只有实践理性所"最终""证立"的目的才是不以其他目的为目的的目的本身。也只有这些目的才具有最终的价值。因此,一种不受(理性/合理性判断)限制的价值多元论在菲尼斯看来是不成立的。

因此,相比于古典道德哲学,这个由多个基本目的/价值所确立起来的基本道德框架为人类提供了更多种可能的合理的生活方式(reasonable ways of life)。这个表达包含这

---

① 菲尼斯把这些最终的目的作为实践理性所最终确证的目的(行动的基本理由),同时也把其作为人类完善/繁盛(fullfiment/flourishing)的基本方面(基本善)。从而一方面将基本善与实践理性联系在一起,而另一方面又将基本善与人类本性联系在一起。第一方面的联系,菲尼斯将其称为"方法论"上的或"认识论"上的一种关系(参见 John Finnis, *Aquinas' Moral, Political and Legal Theory*, Oxford University Press, 1998, pp. 90-91);而后一种联系,菲尼斯将其称为一种"本体论"上的联系,因此,尽管菲尼斯拒斥一种从人类本性推导出基本善的论证方向,但在菲尼斯看来,这样一种考虑仅仅是一种方法论上的考虑,而在本体论上,基本善却根植于人类本性之中。正是此种基本善理论构成了菲尼斯整个新自然法理论(道德、政治与法律理论)的基石。

样两种限定:一是人类的生活方式必然有合理的和不合理的区别,其标准就是是否符合于实践理智能力之要求(the requirements of practical reasonableness),从这一方面看,菲尼斯拒绝了由价值多元论所可能导致的道德怀疑主义。二是这些合理的生活方式具有多种可能性,而并不只有一种生活方式是唯一合理或最合理的,从这一方面看,菲尼斯拒绝了在古典哲学那里所必然隐含的那种要求最高、最好、唯一正确的判断,从而为某种特定类型的"自由主义"开辟了道路。

四、菲尼斯与自由主义
——古典与现代之间

谈论菲尼斯与自由主义在某种意义上是一项非常庞大的工程。从菲尼斯对于当代几位主要的自由主义者(例如哈特、德沃金、罗尔斯)的论述中,我们即可看出他对于自由主义的批判立场。在一场关于"自由主义与自然法理论"的讲座的开场白中,菲尼斯甚至对自由主义抱以相当轻蔑的态度:"在这个讲座中,我将论证指出,我给自己定的这个题目是一个糟糕的题目……'自由主义'与'保守主义'以及'社会主义'一样,是一个非常地方性的、偶然的和变化不定的术语,以至于不可能在一种有关社会、政治、政府和法律的一般理论中占有一席之地。因此在此种情形之下,我最好马上说,我所使用的‘自由主义’这一术语所表达的主张是与所有那些通常被称之为‘自由主义的’主张是不同的,且经常是相冲突的。”[①]尽管如此,我们仍可看到自由主义的某些基本观念潜在地影响着他的整个自然法理论的基本方向。也正是这种影响在某种意义上使其偏离了古典自然法的基本观念。[②]

“自然法”与“自由主义”这两个事物在西方的整个思想史中或许既存有亲缘关系,[③]同时亦包含着巨大的对立和冲

---

① John Finnis,“Liberalism and Natural Law Theory”, *Mercer Law Review* 45 (1994), pp. 687-704.

② 自由主义观念对于菲尼斯理论的影响最为突出的表现就是“多元主义事实”。这在很大程度上是新自然法理论回应现代性的平等主义的结果。在菲尼斯看来,各种基本善是平等的、不可通约的。

③ 这种亲缘关系尤其表现在现代早期的那些自由主义者那里(例如洛克)。他们试图通过自然法观念来证立人类所具有的某些活动是自然合法的,亦即是符合于自然法的。从而为人类活动设定一些国家无法介入或不应介入的自由领域。从这一意义上看,早期自由主义所依据的主要理论——自然权利理论在最初主要是从自然法观念那获得合法性论证的。对于这一问题的详细探讨,可查阅对于洛克思想的研究,尤其是关于“自然法”(理性主义)与“自然权利”(意志论)这两种阐释路向的论争。参见 Loe Strauss,“Locke's Doctrine of Natural Law”, in *What is Political Philosophy*?, The Free Press of Glencoe, Illinois, 1959;以及理查德·阿施克拉夫(Richard Ashcraft)所编辑的《约翰·洛克:评论文集》(*John Locke: Critical Assessments*)中的一系列文章: W. von Leyden,“John Locke and Natural Law”; John Yolton,“Locke on the Law of Nature”; Francis Oakley and Elliot W. Urdang,“Locke, Natural Law and God”; S. B. Drury,“John Locke: Natural Law and Innate ideas”; David E. Soles,“Intellectualism and Natural Law in Locke's Second Treatise”; in *John Locke: Critical Assessments*, edited by Richard Ashcraft, vol. 2., Routledge, 1991。

突。“自然法”在被理解为“自然权利”以及被进一步理解为“人的权利”之前[①]，一直被用来指称一种人类应予以遵守的法则。这种法则渊源于上帝，并作为人类理性的法则规范着人类的所有活动，人类社会所制定的法律亦应以之为准则。这就是在自然权利观念开始盛行之前西方世界所普遍持有的观念。[②] 这种古典的自然法观念与自由主义这种试图通过“中立”而确立“共同之物/共识”的学说是格格不入的。自然法要求区分合理和不合理、真理和谬误、好的和坏的、善的和恶的。而在自由主义看来，所有这些区分都是相对的，只是个人的一种主观判断，因此如果要建立一种人们普遍认同的东西，我们就必须在其他地方寻找，而不应在自然法中寻找。自然法所代表的仅仅只是“某些人所认为是”正确的东西，更有甚者，自然法在一定意义上代表着一种专制和对个人自由的压迫。在各种自由主义的观念中，“共识”进而达致“和平”是最为基本的诉求，或许这正是其脱胎

① 从“自然权利”向“人的权利”的过渡在很大程度上应归功于康德哲学。康德把“自然”与“自由”严格地区分开来，“权利”只能从一种自由能力（活动）中寻找，也就是从人的自由能力中寻找，因此“自然”的角色被削弱和剥夺享受权利的资格。从“自然”权利到“自由”权利的这一转化，为“自然权利”向“人的权利”的过渡开辟了道路。在当代政治和法律哲学话语中，人们往往更愿意谈论人的权利，而不是自然的权利，这在一定意义上证明了康德的此种理解的支配性地位。

② 参见科尔斯戈德，《规范性的来源》，杨顺利译，上海译文出版社2010年版，第1—7页。

于宗教战争而先天带有的特性。

菲尼斯所理解的自然法正是此种古典意义上的自然法。在他看来,自由主义最核心的问题就在于预设了一种站不住脚的区分:即在“公共理由”与“私人理由”之间作出的区分。[①] 由此,政府的角色被认为需要在各种私人观念之间保持“中立”,以维护一种“多元主义的状态”。自由主义的此种基本观念立基于这样一种认识:即在每个个人关于什么是好的、什么是坏的的判断中,并不存在正确的答案,即便存在这样的答案,这样的答案也不是唯一的。每个个人都应根据他自己认为是正确的观念行事,他人或政府不应对其进行干涉。因为不存在唯一一种理想的行为模式,因此政府不应根据任何关于理想行为模式的理由而强制其公民的行为。从此可以看出,自由主义是在古典政治哲学的唯一理想模式/至善观念破灭后所对其作出的一种回应:如果不存在唯一理想的东西,那么政府就应当在各种相对理想的东西之间保持中立,甚或退出关于何为理想的争论,从而在一种更为形式的层面上(例如同意)寻求共同的基础。在此,在对待古典政治哲学的此种至善观念上,菲尼斯

---

① John Finnis,“Liberalism and Natural Law Theory”, *Mercer Law Review* 45 (1994), p. 700. 参见本书第三篇文章。

的态度与自由主义是相同的。也就是说,他们都抛弃了古典政治哲学中的“至善”观念。[①] 然而,菲尼斯对于此种破灭的回应却与自由主义极为不同,也正是此种不同而使他的自然法理论与自由主义保持着根本性的差异。菲尼斯认为,尽管人类生活不存在一个唯一的理想状态,但是这绝不意味着人类生活就不存在好与坏、理性和不理性的差别。也就是说,人类通过参与/追求/实现基本善(目的)而呈现出不同的生活样式,其中有些生活样式根据自然法之要求而被认为是合理的生活方式,而有些则因为违背了自然法的要求而被认为是不合理的生活/行为方式(例如同性恋、堕胎)。

此种要求对人类生活作出价值判断的自然法理论与自由主义通过区分公共生活与私人生活从而试图规避对私人生活作价值判断的理论的尖锐对立,使其在公共问题的讨论中表现出保守主义的特征。然而,在菲尼斯看来,任何这样的标签都无法表达其理论所真正要表达的东西:即寻找一种永恒不变的自然法。这种自然法首先是一些前道德性

① 参见 Germain Grisez, Joseph Boyle and John Finnis, “Practical Principles, Moral Truth, and Ultimate Ends”, *American Journal of Jurisprudence* 32 (1987), p. 101。在此,菲尼斯他们这样说道:“正如我们在这篇论文中所提及的,自由选择的实在性是与如下这样一个假设不相兼容的——这个假设认为(比如,亚里士多德就这样认为)人类生活只有一个单一的自然目的。”

的(pre-moral)基本善,它们为人类的自由选择以及道德行为提供了基本的框架和条件,其次通过人类的实践理性活动而推导出各种具体的道德原则。而正是基于基本善是平等的、不可通约的和多元的,从此使得人类生活呈现出各种不同的样式。这些生活样式在各个不同的方面旨在实现某种基本善或某几种基本善,从而使人类生活趋于更为完满的形式。

菲尼斯通过其基本善理论而在古典政治哲学(自然法)与现代政治哲学(自由主义)之间所寻找到的这条折中道路——保留了古典政治哲学的价值判断,但否弃了它的单一目的模式;保留了自由主义关于人类生活多元性的判断,但否弃了它退出价值判断的"中立性"原则——是否是成功的,在现代社会中,此种理论的意义是什么,以及菲尼斯的整个自然法理论的上述这两种基本要素——价值判断与多元性——所必然要预设以及所可能导致的必然结论是什么?在我看来,菲尼斯的理论在保留古典政治哲学的价值判断的前提之下必然需要预设一种对于"道德"或"正当之物"的洞见(insight),而其所支持的多元的合理性则必然导向一种对于政治权威的需求。

五、菲尼斯理论的两个支点
——明智/德性的人与政治权威

哈贝马斯(Jürgen Habermas)在一次回应菲尼斯的批评①中,曾这么说道:

> 我与菲尼斯教授之间的分歧同样也触及一些"深层次"的问题。他似乎分享柏拉图主义的观念,即认为某种沉思——或理智直观(intellektuelle Anschauung)——是知识的目的,而推论性的推理则提供了一条通往这个目的的道路。此种沉思或此种对于善或超越的善的直观性把握(intuitive grasp)正是我们在伦理推理活动中所试图要达致的。这样一种探究路向首先将引发道德实在论的认识论的证成问题:一个认知的主体如何可能把握一种独立存在的伦理价值秩序。其次,它还将引发这样一个实践问题:亦即如何使此种本体论的假设与"多元主义事实"(罗尔斯语),以及与每个人追

① John Finnis, "Natural Law and the Ethics of Discourse", *Ratio Juris* 12 (1999), pp. 354-373.

> 求其自身之善观念的平等权利这一自由主义的要求相兼容。最后,我想知道道德洞见(moral insights)是否依赖于一种通达"真理"的特权,并且如果真如此的话,那么此种贵族式的认识论(aristocratic epistemology)如何可能改变那种由平等主义的普遍主义所阐发的对于现代性的规范性的自我理解。①

哈贝马斯的回应提出三个问题:(1)认识论问题;(2)"多元主义事实"问题;(3)现代性的自我理解问题(贵族式 vs. 平等式)。可以说,这三个问题正切中了菲尼斯整个自然法理论的要害,也触及了菲尼斯理论的整个立论基础。正如上文所言,菲尼斯在应对现代性问题或自由主义的时候,通过修正古典政治哲学中的目的观念而为多元主义留出了余地(同时也为一种平等主义的普遍主义留出了余地),但是基于菲尼斯对于自然法观念的坚持,即认为在人类的行为/生活方式上存在合理与不合理、正确与错误、好与坏的区分,因此这种多元主义或平等主义只是一种有限的多元主义或有限的平等主义,也就是说,此种多元主义必须建立在预先的价值判断的基础之上。基于此,菲尼斯

① Jürgen Habermas,"A Short Reply",*Ratio Juris* 12 (1999),p. 446.

的理论必然与现代世界占据支配地位的自由主义存有不可调和的分歧,但同时也必然与自由主义分享共同的基础(多元主义与平等主义所必然要求的公共权威或政治决断)。

(一)正当之物的洞见与判断:明智/德性的人

正如哈贝马斯所言,任何试图确立柏拉图式的价值秩序模式的理论必然要面对认识论的证成问题。或者说,任何一种试图撇开交互性的人类意志活动(相互的同意)而试图建立价值秩序的理论都要面对这一问题。哈贝马斯的这一断言可谓道出了古典政治哲学在现代语境下所遭遇的基本处境。因为首先,古典政治哲学所建立起的那些理想模式无法通过任何经验性的普遍认知而被证明为是真实存在的;其次,即便此种理想模式可以撇开认识论问题,但它却必须付出另外一种代价,也就是说,它必须把此种认识能力从大多数人的手中剥夺走而托付给极少数的人,这样它就可以宣称只有那些"明智的人"才可以理解/认识理想的东西,而大多数"平庸人"则无法洞见到这些理想的东西。因此,任何试图确立人类行为之合理/不合理的理论都必然要预设一种优先性的道德判断能力(或哈贝马斯所谓的"一种通达真理的特权")。对此,菲尼斯并未矢口否认,在他论述阿奎那的道德理论以作为他自己的自然法理论之依据时,他这么说道：

> 阿奎那在将这些首要的实践原则看成是自明的同时，还强调指出这种自明性只是相对而言的：对于某些人而言并非自明的东西，对于那些拥有“更为丰富的经验”和对于事物的其他方面拥有“更好理解”的人而言则是自明的。并且随着我们更为深入地理解第一原则所指向和趋向的那些对象（例如知识、人类生命、婚姻，等等），我们就能够更好地理解实践理性的第一原则。①

然而，从菲尼斯的语气中，我们多少可以感受到一种更为温和的态度。明智与平庸之间的差异因为此种态度而变得不太凸显。并且菲尼斯通过拒斥古典政治哲学中的“（唯一）最好”的判断而减少了陷入哈贝马斯所谓的“贵族式认识论”的风险。因为在菲尼斯看来，人类行为所最终追求的目的是多元的、不可通约的（即他所谓的7种基本善），因此关于实践问题的道德判断就不可能存在唯一的、最好的答

① John Finnis, "Aquinas' Moral, Political and Legal Philosophy", *Stanford Encyclopedia of Philosophy* (2005).

案,而只能存在诸多好的(或正确的)答案。因此人们基本上都可以作出正确的道德判断,只要具有足够的经验和对于人类生活足够的理解。在一处回应马塞多(Stephen Macedo)的批评①的地方,菲尼斯这么说道:

> 但是事实上,那些自然法理论家们都不认为"十诫"中的那些具体规范超出了大部分人的能力范围,或者说它们是不可理解的,或它们不能够被大部分人所把握。马塞多在他的整部著作中都忽视了"先天形成的能力"(native capacity)与"后天形成的能力"(formed capacity)之间的区分……在马塞多含蓄地引用阿奎那的著作且以其为论据的那些段落中,阿奎那告诉我们,"十诫"中的诫令仅只需要稍微做点反思就可以从第一原则中推导出来,并且甚至是平常人也能够推导出这些诫令并看到它们的要点,虽然某些人也有可能会混淆这些诫令;而其他一些可从"十诫"中推导出来的道

---

① 马塞多认为在菲尼斯的新自然法理论中,在"第一原理"与"具体的道德规范"(例如我们在"十诫"中所找到的那些规范)之间存在一条鸿沟,对此,我们必须通过某些推论来填补这一空缺,其中某些推论"要求一种智慧或理智能力(reasonableness)",而这种智慧或理智能力却根本"不可能在所有人那里都能找到,甚至是在大多数人那里也很难找到",参见 John Finnis, "Liberalism and Natural Law Theory", *Mercer Law Review* 45 (1994), pp. 703-704。

> 德规范则仅只能被智慧的人所认识,而其他那些不智慧的人往往不愿花费精力去考虑相关的环境。因此,甚至是稍微瞥一下文本,也不会承认"十诫"中的道德原则是超出"可得到公共证成"(public justification)以及"可被公众理解"的范围之外。①

在菲尼斯看来,明智的人与不明智的人的区分并不是先天的(native),而是后天养成的(formed),作出一个正确的道德判断并不依赖于某个人的"天赋"(因此绝不是一种天赋的特权),而是依赖于后天逐渐养成的"德性"以及所积累的"经验"。自由主义不加甄别地强调个人的道德判断能力,认为一个人所作出的他自己认为是正确的道德判断就是"正确"的判断,这不仅否定了道德判断的客观性,而且更是没有看到道德判断与人的德性以及人的经验之间所存在的紧密联系。尽管此种主张会被标上并且也可能陷入产生一种"通往真理的特权"的风险,但把道德判断不加甄别地托付给个人同样会导致整个道德判断的坍塌,使其陷入一种"道德相对主义"的风险。

---

① John Finnis,"Liberalism and Natural Law Theory", *Mercer Law Review* 45 (1994), p. 704.

然而,在菲尼斯看来,问题的关键并不是是否容易陷入何种风险,而是道德判断的真正性质。也就是说,一个具备良好德性的人往往比其他一些人更能作出正确的道德判断。甚或说,德性是作出正确的道德判断的一个核心要素:

> 一个人往往很难对他应当去做的事情作出合理的判断,也就是说,很难对何为合乎理性的“中道”作出合理的判断,除非这个人是一个能够很好地理解和把握机会与处境的人,并且在他所关心和他想要去做的事情上,他的理性没有为各种次理性的欲望和憎恨或为各种畸变了的意志(如骄傲或狂妄)所败坏或歪曲。这样一种人就拥有德性(理智德性和道德德性),因此在这种意义上,要作出合理的道德判断,人们必须要拥有德性。①
>
> 明智就是指引人们识别道德标准并确定每种德性之“中道”的东西。明智“不仅在人们对于手段的选择中,而且也在他们设定目的的过程中指引着各种道德

① John Finnis, “Aquinas' Moral, Political and Legal Philosophy”, *Stanford Encyclopedia of Philosophy* (2005).

德性”①。

菲尼斯对于德性（virtue）以及明智（prudence）在道德判断（政治与法律判断）中所扮演的角色的强调，从另一个侧面表明了他的自然法理论的古典路向，同时也在更为根本的层面上凸显出他试图在基督教和现代的“法（义务）”观念与古希腊的“德性”观念之间建立一种联系或突破他们间的固有分歧。而这种从古希腊的“德性”观念向基督教和现代的“法（义务）”观念的转变被认为是道德（政治、法律）哲学史上一次根本性的转变。② 现代的诸多德性伦理学的倡导者即旨在批驳伦理学转向后人们对于德性在整个道德（政治与法律）哲学中所扮演之重要角色的忽视。这一点在我们的法律哲学中表现得尤为突出。法律被理解为一些由原则、规则或法则构成的体系。立法者的任务就在于制定这些规则和法则，而法官的任务则在于适用这些规则和法则。然而，“*Juris-prudence*”这一拉丁词最初是由“*Juris-*”（正当/正义）和“*prudence*”（审慎/明智）构成的。纯粹从词的构成

① John Finnis, “Aquinas' Moral, Political and Legal Philosophy”, *Stanford Encyclopedia of Philosophy* (2005).

② 对此问题的精彩探讨和论述，参见科尔斯戈德，《规范性的来源》，杨顺利译，上海译文出版社 2010 年版，第 1—6 页。

上看,"法学"的原初含义应当是一种关于正当法的审慎活动。但是,现代法学/法理学的自我理解在很大程度上却把"*prudence*"(审慎/明智)这一含义抛弃了,而把自己改造成一门"法律的科学"(science of law),即一种关于法的系统知识。将审慎抛弃掉就是将"德性"从整个法学领域中排除出去,从而同时也就是将其从法律实践(立法、司法)中排除出去。这个原本被用来对付纷繁复杂之现实以及极易受激情影响的人类行动的德性被人们抛弃后,在法学中也像在伦理学中那样既使法学发生了根本性的转变,也使得在法学内部产生了诸多内在于"规则"本身的无法克服的问题。

(二)多元的合理性:政治权威与法治

菲尼斯基本善理论的另一个结论是认为合理的人类生活方式是多元的。这种多元性必然造成"合作难题"(the problem of co-ordination),由此必然需要一种权威对人们应当采取哪些行动作出最终裁决。菲尼斯对于政治/统治权威的此种证成方式有其独有的特征,主要表现在以下方面。

首先,在现代契约论那里,处于自然状态中的人为了克服不便利(洛克)和战争状态(霍布斯)而将自己的权利交付出去成立一个政治权威。因此,在现代契约论的论述中,尤其是在洛克那里,政治权威的证成依赖于被统治者的一种意志活动:同意。而在菲尼斯看来,对于政治权威的需求是为了要解决“合作难题”,因此政治权威的合法性不可能是基于一种意志活动(例如同意),而应是基于一种理性的必然要求,或者说是基于一种义务或责任。正如格林(Leslie Green)所说的,在菲尼斯那里,他所提出的不是一种统治的权利(the right to govern),而是一种统治的义务(the duty to govern)。[①] 在这一点上,菲尼斯关于统治作为一种义务/责任的说法与康德关于政治权威的论述[②]极为相似。

然而,对于之所以会产生合作难题的根源,菲尼斯与康德所给出的理据却存在极大的分歧,也正是此种分歧使他们的权威理论在某些根本问题上发生了分歧。在菲尼斯看来,合作难题的根源并不仅仅只是基于人类的愚蠢、无能、自私诸如此类的人性弱点(human weakness),而且在那些更加理智和理性的人群之中,他们关于良好生活的看法之间的分歧将更加明显,也就是说,群体的成员具有更好的理智能力,他们就“更需要权威和规制,以便使这个群体达致其共同的目的,即共同善”。[③] 而在诸多康德主义者看来,合作

---

① Leslie Green, "The Duty to Govern", *Legal Theory*, 13 (2007), pp. 165-185.

② 康德认为处于自然状态中的人“应当”进入法权状态,并且可以强制他人走出自然状态而进入法权状态,参见康德,《道德形而上学》,载《康德著作全集》(第6卷),张荣、李秋零译,中国人民大学出版社2007年版。

③ John Finnis, *Natural Law and Natural Rights*, Oxford University Press, 1980, p. 231.

难题的根源在于人类不是完全理性的存在者(fully rational being),而是有限的理性存在者(limited rational being)。只要人类能够不断地接近理性之要求,那么其相互之间的分歧必然可以被消除。也就是说,人们之间的“分歧”可以通过各种“理性活动”(例如哈贝马斯的“沟通”)而最终达成一致。

因此,对菲尼斯而言,权威是人类社会所必然要求的。它并非根植于人类的脆弱性,而是根源于人类之最终目的的多元性(基本善的多元性)。因此,他的(狭义上)道德理论(实践理性与基本善理论)在最终意义上必然导向一种关于权威的理论(亦即政治理论)。然而,在菲尼斯看来,政治权威的运用往往容易导致专制,为了克服这种危险,政治权威的运用更应当通过“法治”(法律的首要性或法律的最高性)而不是“人治”(比如一个最优秀的人,或一个民主式机构)。在此,他大量引述亚里士多德、阿奎那以及当代的富勒(Lon Fuller)的观点以支持和论述法治的重要性以及法治的核心要素。[①]

根据上述论证思路,我们可以看到菲尼斯所建构的这

---

① 关于这些问题的具体论述,参见 John Finnis,“Natural Law Theories”, *Stanford Encyclopedia of Philosophy* (2007)。

套自然法理论包含着丰富的内涵。它不仅涵盖道德理论，而且涵盖政治理论和法律理论，并且同时呈现出一种内在连贯的逻辑：作为其整个理论之基础的道德理论因为基本善的多元性而导致合作难题，合作难题的解决则又依赖于政治权威（政治理论），而政治权威的施行和运作则需要法律的约束和限制以便使其不致陷入专制的危险（亦即符合道德之要求）。因此，道德、政治与法律在菲尼斯的整个自然法理论中被勾连在一起构成了一个系统的实践哲学，或如他本人所讲的，构成了亚里士多德—阿奎那意义上的人类事务哲学（the philosophy of human affairs）。

六、结语

菲尼斯的自然法理论也如他所倚重的两种理论［阿奎那（公开地），康德（隐秘地）］那样具有“调和”的特性。首先，他试图在古典的政治哲学与现代自由主义之间寻找一种平衡——既保留古典思想关于人类行动有正确与不正确、好与坏、合理与不合理的区分，又能够容纳现代自由主义所倡导的多元性。其次，他试图在义务论（康德）与目的论（亚里士多德—阿奎那）之间寻找一种调和，既确立实践理性在道德推理中所扮演的核心角色（亦即排除“激情”在道德推理中所扮演的设定目的的角色),同时又限制实践理性的活动,认为它仅仅只在于“发现”人类行动所趋向的目的(也就是说,这些目的根植于一种超越实践理性活动的形而上学的秩序),而不在于“设定”人类行动的目的(亦即自我立法或目的的自我设立)。最后,他还试图在“德性伦理学”与“规则伦理学”之间作出调和。自然法观念首先所设定的是一种法则的观念,然而菲尼斯所确立的自然法原则首先仅仅只是一些前道德的基本善,其次才是根据这些基本善以及实践合理性之要求(它所表征的正是人类的德性——审慎、节制、公正)所推演出来的具体的道德原则。因此,道德原则/法则之获得依赖于人类德性的运用。

对于所有上述问题的进一步探讨已经超出本文的论述范围。然而,通过对于菲尼斯自然法理论之基本意图和路径的探讨,我们仍遗留了一个重要的问题:菲尼斯的此种理论及其路向是否是成功的?甚或在大多程度上是成功的?在此,如果我们把“成功”理解成一种“被人们所接受”的状态的话,那么在这个意义,菲尼斯的理论或许肯定不是太成功,甚至是不成功的。他没有像施特劳斯那样,让我们通过一种古典哲学的研究而以一种自生性的方式去接受古典的教导。在此方面,菲尼斯的整个“策略”或整个“教化技艺”似乎完全没有施特劳斯这么高明。以一种强加性的/独断性的方式来提出并论证那种最终要将对方置于自己掌控之下的东西,在“自由”的时代似乎是“不合时宜”的。菲尼斯要求人们理性地行动、理性地思考、理性地接受其他的东西,然而现实的人总是以各种各样非理性的方式或自认为理性的方式行动、思考和接受他人的东西。在是否是“理性的/合理性”的问题上,菲尼斯只能独断地作出判断。因此,这种独白式的论断只有以施特劳斯那种隐秘/神秘方式或自我启发性的方式才可能在这个时代获得人们可能的接受。

然而,对菲尼斯而言,他所追求的并不是一种“可被接受性”,而是一种“真理”,一种外在于人类意志的东西。正如他在谈论“自然法”的时候所讲的,他所探讨的不是“自然法的理论”,而是“自然法”。自然法“这类原则,作为原则,它们即使在实践性思维中被极度忽视、被误用,或公然遭到反对,或即使很少为那些反思人类思维的人所承认,它们也仍然有效。也就是说,它们的‘有效性’就像会计学的数学原则一样,即使在不为人所知或不为人所理解的情形下也仍然有效……自然法不可能产生、衰落、复兴或永恒地复归”①。在这个时代,任何这样的一种言说,不是被人们认为

① John Finnis, *Natural Law and Natural Rights*, Oxford University Press, 1980, p. 24.

说话者是生活在15、16世纪之前的那些个年代,就是被认为说话者本人是一个十足的学究,一个不谙世事的"古董"。然而,当这样一种言论被以《自然法与自然权利》这样一本书的形式推出来之后,却引发了人们极大的关注和思考,其中不仅包括政治哲学史家,也包括法学家、道德哲学家和政治哲学家。此种关于自然法而再次燃起的兴趣或许从另一个侧面折射出内含于我们这个时代的某些特征/弊病。或许人这种有限的理性动物原本就应当处在"自然法"这种(在某种意义上)表征"独裁/特权"(正如诸多后现代主义者在批评形而上学时所指出的那样)的东西与"自由"这种表征"解放"的东西之间(有时应偏向于"独断",而有时则应偏向于"自由"),由此可以抛开对于次要事物(自然法的独断/独裁意涵与自由)的追求,而致力于寻找自然法的真正意涵:永恒的真理。

译后记

自然法的复兴是20世纪中后期一个非常重要的现象。其背后的根源一则来自于对第二次世界大战的反思，二则来自于对现代性的反思。它的论战对手是多面向的。在道德上，它的对手主要是道德怀疑论；在法律上，它的对手主要是法律实证主义；而在政治上，它的对手则包括各式各样的现代政治学说。就这个时期整个自然法的复兴运动而言，尽管它们都被冠之以"自然法"，但其内部的差异并不比它们与其他学说之间的差异小，或许，我们只能从它们的批驳对手那里找到某种统一性：重新建立一种普遍有效的道德和伦理秩序，并以此作为判定实在法之合法性的标准。

从西方的整个思想史来看,主要有两个思想传统在回应道德怀疑论的过程中对后世产生了深远的影响。一个是柏拉图和亚里士多德传统,其核心在于批驳智者学派的"习俗论",从而确立起"自然"的核心位置。另一个则是康德传统,其核心在于批驳各式各样的他律性学说,从而确立"自由"的核心位置。后世几乎所有有影响的自然法学说要么是亚里士多德—托马斯主义派的(诸如马里旦),要么是康德派的(诸如施塔姆勒和德尔·维基奥)。

菲尼斯的自然法学说即归属于亚里士多德派,更准确地讲,归属于继承自亚里士多德的托马斯主义传统。其学说主要包括这样几个方面:一是通过重新勾勒亚里士多德—托马斯主义有关人类善的理解以及康德有关自由和人类选择的学说以建立一种调和亚里士多德和康德的道德哲学;二是通过承认"实在法"在整个法秩序中的应有位置以提出一种不同于"革命式"自然法的"保守式"自然法,以此来批驳法律实证主义;三是通过阐释"好"与"坏"、"合理"与"不合理"之辨析在政治理论中所应具有之意义,以此来批驳各种立足于"中立性"的自由主义(诸如罗尔斯)。

本书收录的这三篇文章即着眼于上述这几个基本论题。应该说从总体上体现了菲尼斯学说最主要的几个方面。第一篇和第二篇文章是菲尼斯为《斯坦福哲学百科全书》所写的词条,主要论旨即在于上述这两个方面的问题。“自由主义与自然法理论”一文则主要在于检讨自由主义,包括对于罗尔斯、德沃金以及马塞多的批判。

本书译稿基本上是我在这几年研究菲尼斯学说的过程中陆续完成的。期间得到了诸多好友的帮助。杨晓畅师妹对“自由主义与自然法理论”一文作了逐字逐句的校对,帮我校正了多处缺漏,在此表示由衷的感谢。感谢我的已故恩师邓正来先生,他的学问路向是这么多年来我一直所受惠的,有关菲尼斯的研究最初也是先生的动议。同时还要感谢我在博士后期间的导师孙笑侠先生(我在博士后期间的研究即以菲尼斯的自然法为主题),先生在此期间为我提供了宽松自由的环境,在与他的言谈中,总能感受到一种宽宏和博雅的气度,这是我最受益的。最后还要感谢菲尼斯教授,他慷慨地授予了收录在本书中各篇文章的版权,在多次的通信中,他总是不厌其烦地答复我提出的各式各样的问题和要求。

菲尼斯行文繁复,学说庞多,诸多术语之翻译在国内都尚未形成共识,因此在对他的学说进行不断研究的过程中,译本中的诸多术语和译法总不断被我否弃又重新拾捡起来,期间诸多苦涩。对于其中的一些理解,我也尝试着以译者注的方式予以清理。不过有些东西总无法做到尽善尽美,希望随着今后研究的不断推进可以修正其中的一些缺漏。

吴彦

2014 年秋于上海

图书在版编目(CIP)数据

自然法理论/(英)菲尼斯著;吴彦编译.—北京:商务印书馆,2016(2020.6 重印)
(自然法名著译丛)
ISBN 978-7-100-11930-6

Ⅰ. ①自… Ⅱ. ①菲… ②吴… Ⅲ. ①自然法学派—理论研究 Ⅳ. ①D909.1

中国版本图书馆 CIP 数据核字(2016)第 006172 号

自然法名著译丛

自然法理论

〔英〕约翰·菲尼斯 著

吴彦 编译

商 务 印 书 馆 出 版
(北京王府井大街 36 号 邮政编码 100710)
商 务 印 书 馆 发 行
北京艺辉伊航图文有限公司印刷
ISBN 978-7-100-11930-6

2016 年 4 月第 1 版 开本 880×1230 1/32
2020 年 6 月北京第 2 次印刷 印张 8
定价:28.00 元